私营企业的持续改进升级系列 >

U0851861

小公司日常管理

从招聘到入职全流程

潘文富　黄　静——著

中国铁道出版社有限公司
CHINA RAILWAY PUBLISHING HOUSE CO., LTD.

图书在版编目(CIP)数据

小公司日常管理.从招聘到入职全流程/潘文富,黄静著.—北京:中国铁道出版社有限公司,2022.6
ISBN 978-7-113-28967-6

Ⅰ.①小… Ⅱ.①潘… ②黄… Ⅲ.①中小企业-人力资源管理 Ⅳ.①F276.3

中国版本图书馆 CIP 数据核字(2022)第 044412 号

书　　名： 小公司日常管理：从招聘到入职全流程
XIAO GONGSI RICHANG GUANLI：CONG ZHAOPIN DAO RUZHI QUANLIUCHENG
作　　者： 潘文富　黄　静

责任编辑： 陈　胚　　**编辑部电话：**（010）51873459
封面设计： 宿　萌
责任校对： 孙　玫
责任印制： 赵星辰

出版发行： 中国铁道出版社有限公司（100054，北京市西城区右安门西街 8 号）
网　　址： http://www.tdpress.com
印　　刷： 北京铭成印刷有限公司
版　　次： 2022 年 6 月第 1 版　2022 年 6 月第 1 次印刷
开　　本： 710 mm×1 000 mm 1/16　**印张：** 13　**字数：** 157 千
书　　号： ISBN 978-7-113-28967-6
定　　价： 59.00 元

前　言

理想的员工招聘状态是，新员工不是招进来的，而是被吸引进来的。

为什么会被吸引进来？因为公司名声很好，当前员工在外部呈现出的状态良好，且公司发展势态也非常良好。

若是公司还做不到能吸引员工主动来求职，那就老老实实把当前的招聘体系做好，并且不仅仅是招聘，还要把入职、在职、晋升以及离职等环节，系统地结合起来考虑。

之所以要系统化考虑招聘问题，是因为以下几点实际情况：

(1)员工的平均在职期越来越短。员工入职后只做几个月就离职的情况将会越来越普遍。因为员工持续的离职，公司就得要保持招聘工作的常态化，确保有对应的新人补充能力。

(2)基于公司整个系统来衡量招聘工作，而不是基于老板个人的主观出发点，也不是纯粹从招聘本身来看待招聘信息发布和应试者的面试。当前公司招聘难，往往就是因为公司自身用人观的落后，以及只从实际入职率这个单一指标来看待招聘。诸如现招现用，坚持要求新员工从基层做起，入职以后才开始安排培训和团队磨合，假定员工的就业取向都是为了工资，假定员工会长期在职等。公司缺乏对人力资源行情的客观对标，以及对新员工的了解与尊重。

(3)相关工作的前置。因为员工的平均在职期越来越短，已经不能按照传统模式来按部就班地安排新员工入职后的培训和磨合了，而是要将相关工作进行前置。在员工正式入职之前，就要完成职业技术培训、试工、局部项目的实操、团队磨合等相关工作，使新员工入职后减少冲突，避免摩擦，消除不适应和陌生感，提升上手速度。

(4)广义看待招聘。招聘不是为了今天能招进来几个员工，而是通过招聘这个形式，来和应聘者进行广泛的接触。所接触的人，也许会成为当前的员工，也许是几个月或几年后再入职的储备员工，也许是外部顾问，也许是项目分包者，也许是未来的合作客户，也许是站在外部的意见提出者等。

(5)高级别的管理者，具备一定深度的专业技术人员，需要在公司进行更长时间的能力锻造和信任积累。公司应在早期通过招聘形式与之建立关系，长期跟进维护，保持交流互动，持续扩大储备圈子的数量和质量，只有这样才能避免将来出现无人可用的尴尬。

(6)新员工的入职阶段，是员工工作状态最佳的阶段，虽然工作能力和业绩创造有限，但有良好的工作态度，有对未来发展的憧憬，有主动自发的学习热情，有对问题的发现和积极的创新，有不怕困难的闯劲和热情。虽然这个阶段很短，但若是公司能准确把握，正面引导，将能发挥巨大的作用。

(7)对于员工的离职，要以平常心来看待，更要正面看待员工离职所带来的价值，诸如给新员工留出了发展空间，检测公司管理体系的完善程度，持续优化团队的组成等。可以主动送员工进入更大的企业，主动在社会层面蓄积人际关系资源等。运用得当，每个离职的员工，就是公司未来发展的一个资源，若是恶意对待离职员工，将会为公司未来发展带来隐患。

本书即是针对中小公司普遍存在的上述情况，结合多年的管理经验而形成的一套行之有效的小公司招聘、入职、晋升、离职等管理体系。

编者

序　　言

员工不是机器，不是输入指令就能自动执行的。因为人本身的状态是不确定的，是变化的，诸如：有着起伏不定的情绪，昨天热血沸腾，认为能战胜一切困难，今天却又偃旗息鼓，觉得这个也难那个也难；每个人各自的生活背景不一样，价值观不一样，对工作内容、对公司及个人发展等方面的理解不一样，对应的执行力也就不一样；人是有惰性的，很难一直保持较高的自觉性和责任心……

因为各种持续变化和不确定性，所以公司对员工的管理工作就要持续，持续地对员工进行观察、提醒、强调、跟进、刺激、平衡、牵制……犹如和尚念经，日复一日，又像工厂师傅对机器螺丝的每日检查，每天都得紧一紧。

日常人事管理，虽然看起来是个重复性的工作，但在重复的基础上，也需要提炼一些关键点出来。

1. 建立标准

公司每个岗位包含的工作范围，每件工作具体怎么做，流程是什么，每个执行动作的具体量化指标是什么，出现问题应该如何处理，甚至什么东西放在什么地方等，都应该有一个统一的、明确的标准。基于确定的标准，才能实施管理。

这里所说的标准，不是刻板的死规定，而是有效工作方法的集合与提炼。标准也不是一成不变的，而是根据实际工作的变化和新问题的出现，持续地增补和完善的。

2. 建立预案机制

公司运营不会一帆风顺，各种变化、变故、问题、意外，乃至严重事故都会接二连三地出现。对于这些可能出现的问题，公司应主动提前预判，并建立针对性的预防措施，尽量把问题消除在预防阶段。对一些无法预防的问题，也要提前建立好相关的处理措施，一旦出事，公司能迅速按照既定预案处理，减少损失，避免事态扩大。

对于一些没有预知预防的问题，一旦出现，公司除了迅速研究处理办法，也要将此类问题加入公司问题预案机制中，避免下次再出现同类事故。

3. 利用机制来应对人的惰性

员工不可能始终保持积极认真的工作态度和执行力。老板也没有那么多精力来亲自跟进每一位员工，那公司就得建立一些机制来应对人的惰性。即基于人与事之间的内在规律，实现公司对人的半自动化管理。如利用电脑程序的自动提醒功能，提醒某个员工，在某个时间点要处理某件工作；利用随身佩戴的视频记录仪，来时刻督促员工保持规范的行为举止；利用内部轮岗机制，来消除员工的自我膨胀心理；利用 AB 岗的建立以及请假时的替岗人机制，来促进员工之间的关系融合；利用外部第三方机构的神秘顾客机制，来防止店员的懈怠和违规，等等。

4. 形成习惯

这里说的习惯，就是不假思索的执行。

公司对员工的执行能力培养，更多的是在培养员工养成特定的习惯，通过特定动作的反复演练，特定阶段的高压力，严格的监管处罚措施，使得员工在一定时间内，对某类工作的思维方式和执行方式，被反复锻炼成习惯，同时，消除员工身上已有的不良习惯。在今后的实际工作场景中，在没有老板监管的情况下，员工也能习惯性地执行相关工作。

5. 中层干部的培养

公司起步阶段，是老板亲自管理员工，当员工数量达到一定程度之后，老板就管不过来了。这时，公司就需要通过设置中层干部岗位，来为老板分担一定的管理事务。所以，在日常管理的过程中，还得要保持观察，看哪些员工可以被提拔成为管理者，今后来接替自己的部分管理职能。

以上这些是公司日常管理提炼的几点心得，在这里写出来希望对一些公司的管理工作能有一些启发和帮助。

《糖烟酒周刊》创办人

华糖云商营销传播股份有限公司总经理

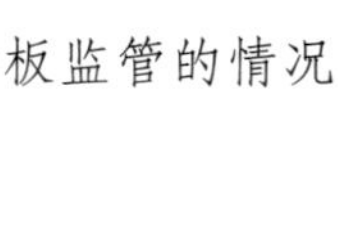

目　　录

第一章

公司招聘观念的重新定位

第二章

公司招聘工作的重新认知

第四章

新员工的入职

第五章

员工离职

第一章

公司招聘观念的重新定位

公司扩大规模与用人之间的必然性

很多老板在创业伊始，可能只是想做一个小而美的公司。公司不大，人员精干且志同道合，能愉快地相处。甚至有的公司只有老板自己一个人在运营。

不过，大多数公司还是要用人的，毕竟老板个人的时间、精力、专业都是有限的。随着公司生意规模逐渐扩大，老板一个人忙不过来的时候，就要找人来逐步替代自己的工作，也许是执行层面，也许是专业技术层面，也许是管理层面。

员工不是机器，不可能完全按照指令自动执行工作；员工也不是老板的私人财产，可以随叫随到，全天候待命。员工和老板只是合作的关系。大多数员工，需要在公司规划、管理、监督的状态下，才能进入有效的工作状态。

绝大多数创业者在创业初期都是将公司经营放在第一位的，极少把公司管理当作主要任务。老板在公司创立早期对管理工作，尤其是人事管理工作没有太多的思考及准备。往往是随着公司规模的扩大，公司人员的增加，再来思考管理问题；或者只是简单地对待公司的管理问题。这时，相关的管理思维和管理行为，已经与公司经营规模之间出现了脱节，很多人员管理问题频发，以致影响公司未来的发展。

所以，在创业之初，老板就要想清楚公司扩大与用人之间的关系，提前在人事管理方面有所学习和准备。至少，有些基本的指导思想要有，如：

（1）创立公司做任何生意，都是要与人合作的。与客户是合作关系，与员工也是合作的关系。与人合作，就要有效地与人沟通、与人相处，处理好相互之间的分工与利益分配。

（2）老板不是神，虽然创业初期精力旺盛，各项全能，但这只是阶段性的，公司规模一扩大，就能感受到自己的短板所在。所以，作为老板一定不能抱着“我自己什么都能干”的心态，要提前弄清楚，自己在体力、时间、精力、专业等方面存在哪些短板，需要什么样的人来替代自己。

（3）员工不仅仅只是帮助老板分摊工作，有些员工在学识、境界、思维方式等方面，有可能超越老板。所以，作为老板不能总是用一副上对下的视角来看待员工，而是要带着平等、交流、融合、碰撞的心态。

（4）很多老板看不到自己的缺点，觉得自己接近完美。看不到自己的缺点，自然也就很难坚持学习和保持进步。公司请来的员工，既是帮助老板干活的，同时也能指出、修正老板的错误，所以老板一定要保持一个谦逊的姿态。

（5）有些创业者可能认为公司里有几个自己的家人帮忙就足够了，不需要再从外面招人；即便是招人，最多也只需要承担一些简单的事务性、执行性工作就可以了。但很多时候，阻碍公司发展的是来自家人的分歧和矛盾，这是公司最大的内耗。并且，随着公司规模的扩大，这种内耗也会同步放大。

（6）很多时候，公司人事管理的复杂性要超过对外的客户管理，所以老板一定要提前学习。

(7)创业者的项目也许不是完美的，品牌也许还没有知名度，产品竞争力也不强。这个时候，公司就要发挥员工的作用，在服务态度、个人品牌、增值服务等方面发挥优势，以员工本身的力量来弥补产品项目的不足。

(8)有些创业者可能不放心别人，认为别人做事一定没有自己认真，没有自己做得好，坚持事必亲为。可是，一个人所能做的事情是有限的，老板需要不断地放手。

若是创业者对人事管理完全没有概念，也不肯提前学习，认为需要招人的时候，可以用些简单的解决方案(例如用家人或是熟人)，甚至主观上认为自己一个人可以搞定所有的事情，那就只能早早控制公司的规模，避免出现公司扩大和用人之间的矛盾。

用人究竟用什么

对很多老板来说，怎样管人用人，这是一个比怎样赚钱更加复杂的问题，也是老板们的必修课。在这方面，几乎每位老板都有自己的一套用人思想。

老板在用人思想方面的形成和演变，是与老板自己的阅历、性格、思维习惯等因素分不开的，是逐渐发展形成的，各有各的特点。

不过，也有一些共性的东西，如大多数老板都想用具备以下这些特性的员工：忠诚、能力强、稳定、自觉、遵守纪律、有团队精神、热情积极主动、有上进心等特征。这些特征是老板们一直希望能在员工身上看到的。若是这样的员工聚集在自己的手下，一定是一个完美的且战无不胜的团队。但是，从现实角度来说，能招聘到这样的员工、团队是一个不可能的任务。几乎没有企业能够拥有这样一群完美状态的员工。即便没有存在的可能，但老板们仍然在积极努力，不断对员工施以改造，例如通过企业文化、管理制度、管理策略等手段，逐渐引导或者是强迫员工，转变成老板所期望的状态。他们所谓的管理员工就是改造员工，按照老板的既定目标去改造。不过，当实施大量改造工作后，员工仍然无法达到老板所希望的状态时，他们最简单的解决方法就是引进新员工，包括一些身价颇高的职业经理人。

公司越大，老板在管人用人方面耗费的精力也就会越多，需要不断思考自己该如何更有效地管人，不断思考解决员工管理中出现的种种问题，不断引入管人用人的新策略……总而言之，老板们耗费这么多精力，一直在千方百计地把员工改造成自己想要的理想员工，也就是老板所说的好员工，具备忠诚、自觉性高等正面特征的好员工。

其实，改造员工的根本目的是使用，而不是为了改造员工而改造员工。笔者认为，有些老板在这个问题上存在两个误区：第一个误区是老板从改造人的角度出发去改造员工，认为一定要先把人改造好，从员工的思想到技能，统统都要改造，甚至对员工思想的改造还会高于技能的改造，这也是许多老板坚持先看员工思想再用人的原因所在；第二个误区是，老板们认为具备上文所述的正面特性的员工就是好员工，公司自己改造也好，招募进来也好，只要这些好员工聚集在自己的手下，就不用愁自己事业的发展。

在这两个问题上，老板们可以换个角度来看待。第一，既然改造人是为了用人，为何不从用人的角度来看待员工的管理问题呢？即先确定用这个员工来为公司做什么，再来看需要改造哪些方面；而不是全部把员工都改造成品学兼优的好员工，然后再来分配使用。第二，上文所说的忠诚、热情、主动、积极等都是优点，聚积多个优点于一身的员工自然是好员工。但是，实际工作中，好员工的本质并不在于自身的特征是怎么样的，或者具备哪些正面特性，而是在于这个员工与所在岗位之间的匹配度。更进一步说，就是员工的特点与岗位的特征是否匹配（不仅仅是与公司、与老板的匹配度）。说到底，其实没有什么好员工与不好的员工，只有合适与不合适的员工。

在具体的用人方面，公司可以参考以下三个管理思维。

(1)人是很难被改造的。所以，公司为什么不根据这个特性来反思用人问题呢？同时，也不能指望员工能理解老板，员工充其量只是了解而已。

(2)用人有三部曲，先是用一个人的毛病，再是用这个人的特点，最后是用这个人的优点。

为何这样排序，原因也很简单：员工的毛病是最容易辨识出来的。老板若是能从理性的角度来看待员工的毛病，很快就会发现，员工这些所谓的毛病，其实与某些工作特征存在很好的匹配度。例如，喜欢在工作时间聊天的员工，可以让她承接与客户在网上的联络工作；喜欢在工作时间上网刷网页的员工，可以让他负责网络信息的检索；说话生硬，喜欢怼人的员工，可以让她负责征收应收账款；吝啬小气的员工，可以让她负责办公用品的管理……总而言之，每位员工一定有各自的价值。没有不好的员工，只有不会安排的老板。若是老板对员工身上的毛病带着厌烦、不满、抱怨的情绪，或者总是想着如何去改造员工，把这些毛病都去掉，那自然也就没有办法从理性的角度来分析员工与某个工作岗位之间的匹配度了，并且员工的毛病还会在老板眼里越放越大。

其次是员工的特点。这里的特点，并不单指人的正面特性，而是一个人最主要的特征，例如联想丰富，说话嗓音好，喜欢开车，喜欢打扮，这些特点同样也能在公司里找到与之匹配的工作岗位。

在用好员工毛病和特点的基础上，老板自然会对员工产生正面印象，从而更好地发现员工身上的优点，更好地利用员工的优点。

(3)从常理上来说，老板想招来所有的好员工。但为了解决实际中的问题，老板也可以换个思维：人最多用三年，然后送走。道理也很简单，留人是为了用人，可这里有三个问题：一是留人的成本和产出比，一般来说，员工留得越久，人事成本越高，其创造力还可能有所下降；第二，很多员工都会有跳槽的想法；第三，员工走之前，老板一定要把员工的思想和技术留下来，公司里的每个岗位、每份工作，要建立详细的说明手册。这个手册要不断被完善，每个员工不断贡献各自的创新和经验，汇总在各个手册里。

总而言之，公司既然没有办法招到完美的员工，那就从目前已有的员工入手，用好现有的员工，从运用员工的毛病入手，逐步深化。

另外，在公司当前人事管理体系还没有健全的时候，建议尽量不招新人，原因有三：一是招新人尤其是高薪招的一些职业经理人，是对现有员工的一种否定；第二，招新员工有可能治标不治本，也会进一步加深老板缺乏发掘现有员工潜力的能力；第三，新老员工之间产生的内耗，往往要远远超过新员工带来的价值收益。

用人的三个阶段

大多数中小公司里，第一个员工是老板自己，第二个员工是老板娘，第三个员工往往是老板的亲戚、同学等熟人。公司的事情多了，老板自己忙不过来，就必然要外请员工，来替代老板执行一些工作。随着公司进入不同的发展阶段，老板的用人观也要进行相应的调整。

1. 用人的第一个阶段，顺眼顺手

在公司发展的初级阶段，老板推崇的用人观：看着顺眼，用着顺手，执行力强；交代下去的工作，能够很快地执行到位，对老板的意思理解得比较到位，也了解一些工作的行规，不需要老板对细节交代清楚。在这个阶段，老板会照这

个标尺来招人。

这样的员工当然好，只是很难碰上。并且，用起来顺手的员工，也只是表现在事务的执行层面上；在其他的层面可能就不行了，诸如顺手的助理可能当不了中层干部，顺手的业务员也可能当不了销售总监等。

2. 用人的第二个阶段，梯队

公司规模扩大之后，就会分设很多部门，并建立相应的岗位。公司对员工的使用就必然开始出现多样化和专业化的需求。这个时候，员工队伍的梯队化建设就非常有必要了，既要能覆盖当前的岗位设置，还要考虑公司的规模扩大和员工自身的成长空间。也就是说，公司未来新岗位的设置以及对中高级管理人员的培养，要提前考虑进来。

3. 用人的第三个阶段，批量复制

公司规模继续扩大之后，有以下几个情况会出现：

(1)一些老员工或是个别对公司有很大贡献的员工可能会开始自我膨胀；

(2)员工的流失率可能会上升；

(3)公司对员工的招聘与培养速度，有可能赶不上公司扩增的速度，甚至会出现有岗位没人员的情况。

为了预防或从根本上解决这些问题，公司在一开始就不能指望员工队伍的稳定性，要做好所有员工随时离职的危机意识。公司用人，但不能依赖人，要从对特定老员工的依赖，提升到对新员工的批量化复制。通过储备式招聘、岗位说明书、工作执行说明书、内训机制等措施，将各岗位、各工作的具体执行内容分解细节和量化固定，实现对新员工的快速模块化培训，以满足因为当前员工流失或是公司扩增所带来的人员需求。

公司对员工的定位

做生意的目的是赢利，而维系生意运行的核心是人。公司内部整改升级的重点主要就是针对人的，即以人的能力和效率提升来推动公司的发展与赢利的持续。

公司的日常运行，一是管理，二是经营。所有的管理工作都是以人为核心展开的；很多管理的问题，核心都是管理者和被管理者的关系定位问题，这是本；而那些规章制度、考核方法、管理手段都只是表层。

在公司的早期（个体户），公司的核心就是老板自己或是老板夫妻俩，虽然也有招聘一些员工，但这些员工只是辅助老板承担一些简单的执行类工作。研究、分析、设计等深层面的工作基本上都是老板自己一个人在抓。在这个阶段，公司需要的员工，只需要听话、服从、执行！

随着公司规模的扩大，很多老板会感到力不从心，公司的发展也会遇到瓶颈，虽然有很多外部的客观因素，例如市场环境竞争激烈等，但核心问题是老板的个人能力已经发挥到了极限。这也是很多老板要对公司改造的原因。但是，公司改造不仅仅只是设计规章制度之类的工作，更重要的是要从思想层面，尤其是老板自己的思想层面进行改革。要从一个个体户的思维模式提升到一个企业家的思维模式，改变自己对人和事的看法，其中一个很重要的方面就是对员工的看法问题。

在个体户时，老板看员工，可以只把员工当成执行者、服从命令者，员工很少有自己的思想。从这个角度看待员工，自然也就谈不上深入考虑员工的思想价值，只是考虑如何让员工更听话、更稳定。以此为管理思想的核心，所制定出来的管理制度和章程，自然都是一些如何服从，如何对公司忠诚之类的。所以，公司在个体户时期，老板选择员工往往局限在这个思维框里，例如忠诚（招亲戚）、执行力强（注意员工的体力）、听话（没有太多自己的思想）。结果可能导致一个水平不高的老板，带着一群水平更低的员工。在市场竞争程度低的时候，这样的团队组合倒也没有什么问题，可问题是，市场是一直在变的，这种组合已经不适应市场。老板需要做出相应的改变。

改变，要先从老板和员工的关系定位开始。在公司有一定规模后，老板不再是纯粹的管理者，而是要成为一个平台的构建者，构建一个公司的平台。这个平台不是为老板自己构建的，而是为老板和员工构建的；平台上不再是老板一个人发挥，而是让员工一起来发挥，甚至在一定程度上，老板还得学会退居二线，专注于公司平台的构建等后台支援性工作。公司对员工的定位也不再认为其只是一个执行的工具，而是要发挥员工的脑力价值，让一部分员工进入战略层面的设计工作，即是把员工分成执行类员工和创造类员工。

老板一个人的脑力是有限的，一群员工的脑力若是被整合起来，能力就是巨大的。老板要把员工的定位从执行者的身份，提升到合作伙伴的身份。

老板都希望员工对自己忠诚，但是很多时候只是单方面地一厢情愿。这就需要老板做个调整，从单纯要求员工对自己忠诚，转变为引导员工对其自身忠诚，包括对自己个人品牌（尤其是在本地市场）的重视，对自己个人未来发展的重视。绝大多数员工对自己个人未来的发展都很重视。

综上所述，可以总结出以下几点：

第一，老板要把自己当成整个公司平台的构建者；

第二，要把员工定位成合作伙伴；

第三，从重视员工的执行能力，提升到重视员工的脑力价值；

第四，引导员工对个人品牌和个人未来发展的重视。

这样的定位和调整，一是能体现出老板对员工的尊重。一个不尊重员工的老板，必然很难让员工心甘情愿地专注于工作。二是公司的这种调整，表面上看起来是在成就员工，其实是在成就老板。

公司改造的核心是人，把员工看成什么样的人，决定老板从哪个角度来思考对员工的定位和管理策略，进而思考从哪些出发点来设计针对员工的管理措施和规章制度等。对员工的不同定位，最终会导致不同的结果。

用人要有时间紧迫感

员工与老板之间应该是商业合作关系，“你出工资，我卖力气”。并且这个合作期限也不是老板单方面决定的，员工具有随时走人的权利。

员工随时都会走，这个道理老板们都是明白的。但是，在实际的人事管理中，在对员工的管理体系中，并没有充分考虑这个问题，而是假定员工是长期稳定在职的。在这个假定之下，就可能出现以下这样的情况：

（1）在员工入职阶段，没有了解员工的就职取向和在职时间规划；

（2）没有与员工商讨职业发展规划；

（3）对员工的职业技术学习，没有明确的时间规划；

（4）对员工所经手的工作事务没有进行透明化监控；

（5）对员工没有配发公司所属的通信工具。

若是员工长期稳定地在本公司工作下去，也许不会出现什么大问题，但若是很多员工随时走人，将会对公司造成很大的损失。

管理工作，一个重要的原则就是要提前考虑各类问题出现的可能，并提前做好相关的预防和处理措施。

员工随时离职的可能性是存在的。如今员工的平均在职时间越来越短，以前在公司工作10年才叫老员工，现在工作3年就是老员工了；很多员工干不到一年就走了；更要命的是，不是所有员工在离职的时候都会提前打招呼并做好交接工作。

既然有这个实际情况存在，那么公司在管理体系上，就得提前有所准备，要有用人的紧迫感，即假定任何一个员工会随时走。在这个指导思想下，建立相关的管理措施，参考如下：

（1）公司在面试员工入职时就询问清楚，打算在公司里做多长时间。

（2）一定要和员工一起做一个职业规划，综合职业能力学习、工作范围、员工所需要承担的责任与压力、对应的职务晋升和待遇情况、各阶段的预计持续时间等，并形成书面文件，双方各执一份，然后每个季度回顾沟通一次。

(3)把员工相关的职业技术学习工作进行量化，具体要学什么，怎样学，怎样考核学习成果，对应的时间点怎样设定，也要全部用书面的形式说明清楚。目的是提升员工的学习效率，尽量缩短员工的学习时间，毕竟员工早点上手就可以早点为公司做贡献。

(4)员工使用的各种社交通信工具，包括手机卡、邮箱、QQ号、微信号等，要全部由公司来注册和配发，以降低员工突然离职所造成的资源损失。

(5)员工经手办理的各项工作事务，全部要进行透明化管理。每个员工手里有哪些工作，推进的程度，涉及哪些外部机构和客户，以及相关的手续和流程等，通过工作规划、OA、年度时间表、项目进度表等，进行透明化展现。即便员工突然离职，其他员工也好接手。

(6)员工所掌握的各类资源，包括客户资源、社会机构资源、技术资源等，公司同样也要做两方面的工作：一是掌控权要集中在公司；二是保持对员工个人所掌握各类资源的及时回收。从完全由员工个人掌控，改为公司掌控。

总而言之，员工随时会走。所以，公司用人要有紧迫感。员工随时都能走带来的两个问题：对工作的影响；后续员工的接手问题。对这些公司要提前有所准备。

高离职率下公司员工快速培训机制

员工的高流失率与公司的员工培养机制，存在着很多现实的矛盾。

(1)站在公司的角度。

决定员工工作效能的两大因素：想不想干的态度问题；会不会干的技术问题。公司不能指望员工入职时就有很多的技术积累，必须要按照岗位要求，进行相关职业技术的培训。老员工传帮带也好，系统培训也好，在实际工作中锻炼也好。总之，公司在培训上对新进员工都是要有所投入，不仅是费用投入，更是时间投入。一般来说，没有两三个月新员工很难上手。这两三个月的工资，就是公司对新员工的培养成本。

(2)站在员工的角度。

员工平均在职时间越来越短，这不是一个企业、一个行业，或是一个地域的个性问题，而是社会层面的共性问题。

员工需要技术层面的培养，企业培养员工需要时间和成本。但员工的高流失率使得很多员工来不及接受系统化培养；或是公司对员工投入的培养成本，还没有从员工的工作业绩中收回来，员工就走了。

针对这样的问题，公司很难从源头来改变，只能基于这个实际情况，导入一些应变的措施。

1. 观念的调整

公司以及老板，要在以下几个方面调整：

(1)不能指望员工一直稳定，要假定所有的员工随时都会走。

(2)公司培训机制不能是“让员工慢慢学”的培养节奏，而是要让员工快速学习，学后即用。

(3)不能假定员工的基础能力、学习意识和悟性都很强，而是要把新员工假定成什么都不懂，不会主动学习，并以此基础来设计对新员工的培训体系。

2. 公司基于高流失率的应对体系

既然存在员工的高流失率，公司要确保对应的人力资源持续供给，就需要建立相关的体系。

(1)要进行储备式招聘，避免现用现招。

(2)建立外部人力资源蓄水池。

(3)从岗后培训改为岗前培训。

(4)健全岗位说明书和工作说明书，既是工作执行说明，也是培训教材。

(5)培训的内容要模块化、轻松化，便于新员工的快速学习。

(6)培训安排要集中，在较短时间内，安排持续性集中培训。

(7)执行措施要工具化，能拿来即用。

(8)公司要有专人对新员工进行带岗工作，尽量不要随意分配老员工传帮带。

(9)公司要有相应的管理系统，可以清晰地看到每位员工当前所承担的工作项目和推进情况，便于随时换人交接。

(10)对员工使用的通信工具、客户资料、客情资源等，实现公司集中化管理。

(11)鼓励一人多岗，便于在紧急情况下的临时顶替。

3. 员工的快速培训与批量培训

在新员工的培养方面，最重要的是要快速培训，慢慢来已经不适应公司的发展以及市场行情。上文说的做岗位说明书和工作执行说明书，为员工设计执行工具，指定带岗人等工作，就是为这个“快”服务的。这里所说的快，要能把每个岗位的培训上手时间精确到天。例如对导购培训的时间是 3 天，对普通基层业务人员的培训时间是 7 天，对仓库发货员的培训时间是 5 天，对内勤人员的培训时间是 4 天等。

这里的快，是基于以下这几点考虑的：

(1)倒逼公司内部的标准化建设，把相关的工作标准流程弄清楚。

(2)让新员工快速学习掌握工作技能，快速上手，较快地创造业绩，也是较快地提升员工的收入水平，这在一定程度上又能稳定员工的在岗状态。

(3)充分利用新员工刚入职的积极状态。这是最理想的学习阶段，避免员工的积极状态在慢慢学中被消耗。

(4)从成本的角度来说，一个没有上手的员工，无法为公司创造业绩，属于负资产员工。所以公司要尽量压缩新员工的负资产状态时间，让员工早日为公司创造价值。

(5)明确每个岗位的培训时间，也是倒逼人事部门，不断地开发出高效的培训内容及培训手段。注重培训的内容设置、次序设置、进度管控、教学方法、考核检测、巩固手段等因素。

另外公司还要重视员工的批量培训，要具备同时对多位新员工进行培训的能力。尤其是一些员工基数大且流失率又高的岗位。这就像一个生产车间，可以实施批量化的生产，而不是一个个的个性化定制。同时，在对员工的批量培养中，再来发现值得进一步深造的优质员工。

操盘手“造反”的两个维度

小公司请来职业经理人做公司的操盘手，很多时候会以失败告终。

虽然这样的结果不是双方想看到的，却是双方共同造成的。操盘手“造反”，老板和操盘手双方都有责任，要从老板和员工这两个维度来分析原因所在。

先从老板的原因分析。要从以下几个方面来思考。

1. 操盘手究竟是干什么的

老板往往认为请操盘手入驻公司是来解决难题的，解决公司当前存在的各类问题，所以老板对操盘手敢开高价且抱着很高的期望。

但是，在公司里最能解决难题的人是老板，若是老板都无法解决的问题，指望一个新人搞定，几乎是不可能的。操盘手更多的是来做公司维持的。老板先把公司的核心难题搞定，基本盘面整理清楚，公司运营基本上轨道，再外请操盘手来维持。当然操盘手也能做些局部的改善，但只是局部。

2. 引进之前要做什么

高级人才一般都是熟人介绍或是委托猎头公司寻觅。在刚见面时，一般都是各自做正面展示，老板强调自己公司的优势，操盘手强调自己的能力和资源以及个人优秀的品德。双方可能都会过度包装自己，导致对对方产生了过高的期望值。

其实，在前期接触过程中，老板应该更多地来探测操盘手的专业技术能力和真实资源情况。通过内训课程或是特定资源的介绍等方式进行验证。

3. 什么时候引进

老板请操盘手进驻公司，一定要等老板自己把公司的核心难题基本解决后。总而言之，不会有难题或是找麻烦的人存在，这个时候才能正式把操盘手引进来。

4. 操盘手刚进来时做什么职务

对于这个问题，老板们一般考虑得很简单，可能会一步到位就将操盘手安排在总经理或是副总经理的位子上，这很容易导致老员工的抵触，也不利于操盘手了解公司的具体情况。原则上，老板不应该将其安排在直接对口的核心业务上，而是将其按排成老板的助理或是培训师等职位较为合适。这样一是可以让员工的抵触少些，方便与当前团队的磨合；二是通过培训课程来展现出操盘手的技术储备。

5. 工作导向

老板希望高薪请来的操盘手能给公司带来新的思路、新的资源、新的做法，或是说有更强的执行力，甚至考虑以操盘手为核心，重新调整公司的运营结构。但这样做会搞错方向，从长期发展来说，公司是老板的，操盘手的任职是临时的。操盘手入职以后，其工作重心应该是围绕着将公司的运营体系进行有效的维护上，并持续地对各个环节进行修补完善，持续培养各级员工，实现整个运营体系和团队的共同成长。

6. 管理难度

老板往往把操盘手看得太高了，认为高级人才应该更加地通情达理，更好管理才是。其实，越是高级人才想法越多，可能越是难管。所以，一个老板若是连当前公司里的普通员工都搞不定，就别指望能搞定外聘的高级操盘手。

那么，作为操盘手，之所以要“造反”，又是为了什么呢？

（1）认为老板前期的展示与实际不符。

刚接触时，老板描述的是一片大好；但自己一进来公司问题过多，不如预期等。

（2）各环节的对比。

操盘手进入公司之后，要对各方面的情况进行了解，难免与自己以前工作的公司进行比较。诸如待遇、考核、授权、信任机制、内部氛围、操作习惯、精细化程度等。对比后往往会有一些不如以前的地方，从而产生一些抱怨。

（3）操盘手的自我膨胀。

有些操盘手在有点成绩之后，可能会飘飘然，认为功劳都是自己的。甚至认为以自己的能力和所积累的资源，完全可以另起炉灶。

一般来说，公司引进操盘手后，不能和公司很好地磨合是很正常的，操盘手“造反”可能性也是有的。且职务越高“造反”的危害越大，所以，老板在招聘引进操盘手之前，先得把这些可能出现的问题想清楚。

放弃改造幻想，做好换血准备

老板做生意就是与各种麻烦打交道，对外经营要与客户打交道，对内管理要与员工打交道，在这些过程中都会遇到麻烦。相对来说，与客户打交道要简单一些，无非就是利益最大化；而内部员工则要复杂得多，会涉及利益、平衡、对立、抱怨等方面。

老板不满意员工的表现，最多是想通过各种手段来对员工进行改造、管理，以求达到自己的满意。但实际中，这种效果并不明显。在这里笔者建议，面对一些员工，老板应该放弃对其改造，而是直接换血。

这样做主要是因为改造一些老员工的成本太高了，无论是时间成本还是费用都是如此，并且还不一定能改造成功。不如把这些资源投入新员工身上。具体的内在原因，可参考以下这几点。

(1)员工糟糕的工作状态，有可能是公司管理制度造成的，所以要对员工进行改造，就需要从根本上改变公司的体制或制度，这对老板来说，成本会很大。

(2)公司的规章制度要在员工入职的时候建立。很多时候，公司的规章制度、做事的标准，都应该在新员工刚来的时候对其讲清楚，若是错过这个阶段再实施，员工执行起来就比较困难。例如业务人员的手机号和微信号必须使用公司户头的，若是业务人员工作一两年之后，公司再要求员工更换为公司的手机号，难度就大多了。

(3)互相影响。在公司里，老板是最积极的，老板也非常想用自己的正能量来影响员工，或是导入一些诸如企业文化、团队精神等。但老板往往忽略了另外一股强大的力量，就是老员工的影响，如果公司有很多态度消极的老员工，每天都在传递负能量，很快就能影响到新员工。

(4)用系统化来淡化员工的不可替代性。员工之所以敢对抗管理，一部分是因为员工认为自己在公司具备一定的不可取代性。诸如客户关系建立在个人身上，有丰富的操作经验，熟悉行业和市场，项目进度情况掌握在自己手里等。

而系统化就是公司来主导运营，相关的资源都集中掌控在公司手里，简单来说，就是要做到以下几点。

①所有客户的档案资料和客情关系，由公司来掌握和主导。

②工作项目规划清晰，进度、状态透明化。

③技术方法量化清晰，即每件工作具体怎么做，有清晰的执行说明书，而不是分散地储存在员工的脑子里。

④公司内部和外部都有人才储备机制，主要岗位设置AB岗，定期进行轮岗，内部员工能随时调换岗位；外部新员工进入后，能短期内上手。

⑤所有通信工具和数据平台必须是公司的，员工离职之后，不影响相关工作的运营。

可是，当公司陷入一个恶性循环，公司并没有系统化管理，更多是依靠员工个人的能力来推进工作时，员工在执行工作的过程中，要么不会做，工作效率低；要么会做，在执行过程中只形成个人的经验技术积累，以及客户资源及客情关系的积累，而不是公司的。

公司越是没有系统化管理体系，越是不敢对当前员工提出过高要求，对表现糟糕的员工也不敢开除，员工也就越加不服从指挥，公司会一直处于恶性循环状态。

总而言之，笔者在这里有三点建议。

(1)对于当前员工，不能指望通过对其改造进行改善。当务之急，是把老员工所掌握的东西进行公司化，例如客户信息、经验技术、项目进度情况等。

(2)先在公司内部推进 AB 岗机制，实现部分岗位的内部替代，再推进内部轮岗机制。轮岗就是公司换血的前奏，公司可以通过轮岗，在可控的范围内观察员工个人因素对工作的影响究竟有多大。

(3)公司要建立完善新规矩、新标准、新流程，对一些不服管控的老员工可以暂时不用实施措施。在公司分设新部门，专门安置新进员工，对其实施新体系管理，待新员工初步定型上手之后，再对个别顽固不化的老员工进行换血。

人事管理思维僵化的五种表现

老板和员工之间的矛盾，表面上看是利益分配的矛盾，核心是角度差异和理解差异乃至价值观的差异。在现实中，老板更多的是基于自己的视角来实施公司的管理，很多时候硬生生把员工给“管废”了。毕竟，在人事关系中，老板更多的是主导地位，员工只是被动而已。

公司规模做得越大，当老板的时间越长，下属员工越多，老板的思维就越不可避免地会出现僵化。以下是具体说明在人事管理方面，老板思维僵化的主要表现。

1. 假定员工来上班就是来挣钱的

有很多老板认为，员工来上班都是来挣钱的，在这个假定下，公司对员工的各种管理措施和考核制度，都是围绕着“分钱”这个核心，最高甚至能给股份。公司宗旨是“员工好好干，就多给钱；员工不好好干，就各种扣钱。”

可是实际情况却不是这样。有些员工上班是来学习的，有些员工是来消磨时间的，有些可能是把当前公司作为跳板的，也有些是为了方便照顾家庭的……

若是公司只有挣钱这一个标尺来看待员工、激励员工，与员工的真实上班取向存在偏差，有时候即便是给了钱，也难以出效果。

2. 假定员工是不会辞职的

很多老板认为员工是珍惜工作机会的，会在公司里一直做下去。所以老板认为培养员工不用着急，公司一些体系的建设也不用着急，甚至认为岗位说明书和客户资料的建设都无所谓。因为他们认为员工很稳定，工作情况也都很清楚，客户也都很熟悉，没有必要做岗位说明书和客户资料。

但实际情况却是员工的在职期越来越短。以前在公司工作 10 年才是老员工，现在能在公司工作 3 年就是老员工了，入职几个月就走的大有人在。在这种情况下，公司就得考虑人员的流失问题，甚至要假定所有员工在近期都会离职。

3. 假定员工是信任自己的

很多老板认为员工一定是相信自己的，也认为自己说出的话都是算数的，认为对员工的各种激励措施也会有效。但信任是建立在一定条件上的，是需要当事人主动证明的。很多时候老板可能由于记性差或是无意行为就会导致自己在员工面前的信誉丧失(事后自己或许还不知道)。一旦老板在员工心目中的信誉受损，公司的一些激励措施就会大打折扣。

4. 从老板自己的主观角度来设定薪酬标准

不同岗位的员工给多少工资，往往是老板凭借自己的主观判断、公司的实力、员工的工作价值等方面来核定。但是，员工薪酬的高低，不是老板能直接确定的，而是要基于当地的薪酬行情。不然员工要么会跳槽，要么会消极怠工。

5. 只以结果来考核

公司只以结果考核员工，虽然执行简单却很低效。因为员工的工作产生好的结果之前，还需要对相关职业技术的掌握，过程工作的执行等。如果老板只考核工作结果，主观上认为员工已经掌握了足够的职业技术，也已经把过程工作都做好了；或是认为在结果考核的压力下，员工必然是会自己做好技术学习和过程工作的，这就有点想当然了。

以上是老板在人事管理方面易犯的几种错误。作为公司最高管理者，要时刻警惕，以避免以上问题的出现给公司带来损失。

老板为什么消极看待人事管理

公司内部的管理工作，主要就是管人。归根到底，事都是人办的。

随着公司规模的扩大，人员的增多，分工的细化，人事管理的复杂程度必然越来越高。公司需要做到专业化、精细化、透明化、规范化，并且还要建立人才储备梯队，以应对未来的人员需求。

但是大多数老板对人事管理工作并不怎么上心，认为没有必要搞得太复杂，简单管理就行了。当员工表现不佳时，老板也只会抱怨是员工的问题，而没有反思自己在管理方面存在的问题。

为什么会这样？

(1)老板可能把经营上的成功视同为管理上的成功。认为只要自己把生意做起来,经营上是成功的,那就说明自己在公司管理上也是成功的;即便当前有些问题,那也是瑕不掩瑜。

(2)被一些员工的表现迷惑。公司中有些员工,平时工作不怎么样,但有可能在老板面前表现很好,老板并没有发现问题。

(3)有些老板可能认为现在公司人还少,管理自然可以简单,以后等人多了再说。

(4)公司的一些员工都是熟人,甚至是老板的亲属,老板对其知根知底,认为都在自己的掌控范围之内,没有必要搞正式的规章制度,也无需做风控和防范措施。

(5)老板认为一些员工已经工作多年,对相关的工作情况(包括工作标准、流程、技术方法、问题处理等)都非常熟悉,个个都是熟手,没有必要把这些工作标准整理出来,即便是整理出来也没有人去看,何必多此一举呢。

(6)假定当前员工都是很稳定的,不会随时走人。公司自然也不会提前进行后备人员的储备和早期培养工作,甚至不会细化各岗位的交接流程等。

(7)老板可能曾经被员工“伤害”过,从而对员工不是很上心,认为没有必要对员工太好,员工不愿干活就可以走人,不愿意花费太多的心思来做管理工作。

(8)有些老板坚持认为员工先要主动表现出积极的工作态度,贡献出良好的工作成果,公司才能考虑对员工的利益兑现。

(9)有些老板有时候也会觉得一些老员工有些问题,但认为新招员工更靠不住。

（10）在员工的具体管理措施方面，有些老板认为单一的管理措施就行了，没有必要做复合型管理措施。例如，新员工的入职背景调查，老板认为只要查验一下其身份证就可以了，至于其在上任公司的离职情况、个人征信情况、个人公司注册情况、涉及司法诉讼、违法乱纪等情况查验，认为没有必要再多此一举。

（11）有很多老板认为，公司实施标准流程就是一个死规定，不灵活也不符合实际情况，即使实施了也没有用。其实，工作中的标准流程更多的是有效方法的提炼和集合，让员工共同来使用统一的且更加有效的工作方法，而不是各自为战。再有，公司的标准流程不是做出来就完事了，而是要贴合实际工作，持续地进行修改完善。

（12）老板认为公司的老员工会教授新员工工作方法，所以公司就不需要专门对新员工进行培训，大不了把在带岗期新员工的工作业绩提成，分给老员工一点就可以了。至于老员工是否愿意教新员工、会不会教新员工、会不会向新员工传授负面的情况等问题，则没有考虑。

（13）老板认为自己做起来很简单的工作，员工做起来也会很简单。

总而言之，老板认为自己对员工很熟悉，有能力掌控员工。并且假定员工不会走人也不会有什么问题，这就是一些老板消极看待人事管理的原因。在分析出真正的原因后，老板就可以有针对性地找出解决方案来。

第二章

公司招聘工作的重新认知

招聘的基本概念

对于公司的老板来说，员工招聘是一个技术活，包括怎样发布招聘启事，怎样鉴别应聘材料，怎样与求职者面谈，怎样识别面试者，怎样谈待遇、绩效等。

关于招聘的具体事宜，应该先从基本的概念开始。有些基本的道理老板得要先搞明白。

1. 是吸引人不是招人

招人是一种上对下的思维模式，是公司对求职者的挑挑拣拣，这样公司就不会重视自我的包装和提升。而吸引人，则是公司、老板展现自己的正面优势，并基于对求职者的深入研究，以此来吸引求职者加入公司和意向达成。

2. 招聘工作的持续化

无论公司当前是否缺人，都要保持持续的招聘工作；无论公司规模多小，都要有外部的员工储备，起码要有应聘者的资料储备。

3. 从招聘与入职的过渡期

从员工招聘到员工正式入职，要有一个过渡期，这个过渡期不是试用期，是在公司完成招聘面试之后，和员工保持的一种松散的关系，公司通过零散用工的方式来维持。公司通过这样一个过渡期来进一步确认求职者是否适合，以及求职者相关的真实情况等。

4. 缺人与招错人

如果公司缺人大不了损失点生意，但招错人风险可能就大多了。招错人有可能造成得罪顾客、败坏公司形象、泄露商业秘密等问题。所以在面试之后的过渡期就非常有必要了。

5. 从单项选择到双向选择

在以往的招聘观念中，老板选择求职者，在这里也可以换一种思路，就是老板把公司、把自己包装好，展现给求职者，以吸引更多的求职者对公司进行选择。

6. 招聘广告就是脸面

简历是求职者的敲门砖，而招聘广告则是公司、是老板的脸面，老板要慎重对待。另外，一些需要张贴的招聘广告，公司相关部门在确定好招聘启事后，不能直接手写，需要花一些力气去设计、美化，力求上档次。

7. 对求职者的定位

老板在开始时不能把求职者当成下属员工来看待，而是要先将其定位成客户，当成重要客户来看待或招待。

招聘中常见的问题

很多老板会发牢骚说公司不好招人，自己公司的招聘广告打了这么多，来应聘的人却很少；公司好不容易相中几个应聘者，人家又不肯来。

出现以上问题往往是因为老板在招聘这个环节上存在问题。

1. 公开的招聘广告

上图是 LED 字幕滚动播放的招聘信息，还有一些张贴的招聘启事，往往

会出现“长期招聘”“大量招聘”“急招”等字样。这样一来，公司当前的员工每天都看到这些招聘信息的时候（尤其是自己的岗位也在招聘范围里），会想到什么？

“老板要招新人来替代我们？”

“难道老板对我们的工作不满意？”

“急招，大量招聘，说明当前人手紧张，也就是说我们一个人在做几个人的事情。”

……

在这里笔者建议公司应当考虑当前员工的感受，将招聘工作单独操作，没有必要大张旗鼓来公开运行。

2. 招聘启事中的高要求

在一些招聘启事中往往会看到以下字眼：要求勤奋、能吃苦、能从基层做起、执行力强、能承受压力、能挑战自我、专业技术和工作经验丰富等。

以上这些条件列出来，有可能就把人吓跑了，哪里还有勇气来面试。

笔者的建议：由于现在招聘更多针对“90后”“95后”乃至“00后”，公司在招聘文章的撰写方式上，要与时俱进，符合年轻人的口味标准，诸如可以突出以下这几点：

（1）你想换一份工作吗？

（2）你对××有兴趣吗？

（3）你对××擅长吗？

（4）你对××的资源感兴趣吗？

（5）你对××方面的发展有兴趣吗？

（6）你对接触××类的人，接触××类的事情，有兴趣吗？

(7)你喜欢在工作中游历祖国各地吗?

(8)你愿意找一份有创造力,能发挥想象力的工作吗?

(9)你喜欢与陌生人交流吗?

……

3. 招聘信息与面试的反差

有些老板也明白,公司招聘广告的风格要活泼一些,要轻松有趣,要迎合年轻人,甚至搞笑、搞怪都是可以的。不过,在实际面试时却仍然是刻板的面试沟通风格,板着脸,一本正经,按部就班地一问一答。这会让应聘者产生巨大的心理落差,从而产生不好的印象。

笔者的建议:为避免应聘者产生负面的心理落差而导致放弃应聘,公司在招聘信息的风格和实际面试的沟通风格之间要做匹配。广告风格轻松的,面试风格也应该轻松一些。

员工招聘中的完美主义

公司准备招人,也有不少人来面试,但老板总觉得招的人不符合自己的要求；好不容易遇到符合自己要求的，也没有几个能留下的。

其实，很多时候是老板自己过于片面了，往往抱着一个完美要求在招人；或者老板以自己为标准，对应聘人员各方面的要求拉得太高。例如，在招聘业务员的时候，总希望能招到工作勤快、能吃得苦、顺从管理、专业性强、能保持进步，同时还在薪酬方面没有太高要求的。这些要求都太高了。

现实一点来说，公司在招聘的时候，要把握以下这几个方面。

1. 招员工不是招老板

不能按照老板自己的思维和行为模式来看待招聘对象，毕竟，公司是在招员工，而不是招老板。

2. 要明确员工进公司的主要目的是什么

很多老板会想当然地认为员工进公司上班，一定是奔着挣钱来的，但实际情况是，员工也许是为了学习，也许是为了增加自己的履历，也许是为了消磨时间，也许是为了照顾家庭等。所以在对应聘者面试沟通时，就要先问清楚，以利于后期的管理。

3. 员工不是公司的资产

老板不能居高临下地看待员工，员工不是公司的资产，老板不能出现占有欲。员工并不属于公司，只是与公司进行合作而已。

4. 所有的员工，都将是离职员工

员工不可能在公司里待一辈子，所有的员工最终都是要走的。员工当前只是和公司阶段性的合作而已，所以老板对员工不要抱着太多“从长计议”的考虑，而是要主动询问清楚员工在公司的工作时间规划。

5. 招聘员工就是招“半成品”

老板不要期望招聘工作能招聘来完美的员工，招聘来的员工一般都是“半成品”，是符合基本特征的“半产品”，是相对改造成本较低的“半成品”。

6. 公司招聘员工主要看什么

公司招聘员工需要注意的地方很多，诸如人员的心态、习惯、学历、经历、专业、业绩、文凭、素质、资源等，在这其中，最核心的就是人员的习惯。

一个人的习惯一旦形成之后，很难改变。若员工身上所具备的习惯，与岗位特性之间具备匹配性，那就是好员工。

7. 员工的培训背景

员工工作能力的形成需要大量的培训，若是等员工入职之后再对其进行培训，公司所要付出的培训成本就会很高。所以，新员工最好是在前任公司里就已经接受过相关专业培训的。

除此之外，公司还可以通过员工对培训的看法，对培训知识的留存，对培训知识的转换与实践落地，来分析该员工对学习进步的实际意愿。

员工现招现用的背后

很多公司在人事招聘和岗位安排这个问题上，基本都是现招现用。员工在面试通过后，公司马上安排其上岗工作，虽然这种现招现用的做法似乎很快解决了公司岗位缺人的问题，但也会带来不少麻烦。

1. 员工的真实人品

一些新员工在面试时，会过于抬高自己的人品，而很多老板也不是火眼金睛，不能一眼看穿人的真实人品，只能在后期的实际相处中，一点点了解。如果员工的人品很恶劣，等公司后期发现再来处理时怕也要投鼠忌器了。

2. 员工真实的工作能力

在招聘过程中，员工所具备的实际工作能力是考核的重点所在。员工在面试时对自己的工作能力自然是正面肯定的，但真实情况是否如此，是需要一段时间来验证的。另外，一个人的工作能力还与行业背景及市场背景有关，该员工原来所具备的工作能力，在新公司里，在行业和市场背景发生变化的前提下，是否还能保持依旧，也是一个问号。

3. 真实的过往业绩

在招聘工作中，老板往往会问到面试者在以前工作中所取得的业绩，一些人员为了提升自己的身价，往往会在这个问题上吹嘘自己；有时应聘者也会拿出一些证明材料。但这里面也存在两个问题：第一，这些辉煌的业绩，是应聘者自己一个人做出来的，还是整个团队一起做出来的；第二，应聘者为了取得这些业绩，有没有一些透支的行为，例如透支公司的品牌信誉，对客户乱开空头支票，调动过于昂贵的市场投入等，若是这样取得的业绩就没有多少价值。

4. 技术培训的时间成本

新员工刚进公司，对公司、市场、行业、产品、客户、业务技术等方面，必然是陌生的或者说了解得不够深入，这就需要时间来学习，来熟悉情况；需要时间来接受培训。在这段时间，员工的工作能效和业绩产出是非常有限的，甚至连员工自己的工资都挣不出来。新员工在刚入职期间，基本上属于负资产状态。

5. 新员工与老员工的磨合问题

即便招来的新员工自身情况不错，人品也好，业务能力也不错，学习进度也快，但还是存在一些问题，如新员工与老员工的磨合问题。一些老员工会排挤新员工，排挤的原因有很多，最基本的原因就是新员工入职会对老员工的利益产生影响。新员工入职，从某种意义上说，打破了老员工之间的利益平衡，例如在市场片区的划分、工作的分担、业务量的划分、个人收益的影响等方面。

总而言之，公司若是对新员工现招现用，那么则需要足够的时间来验证员工的人品，来检测员工的真实工作能力，对员工进行培训，让新员工与老员工之间有磨合机会等。问题是，这其中的时间成本和风险因素太高了。

上面所说的这些问题也许老板是了解的，但是没有办法解决。因为当公司急缺人时，遇到合适的人马上就得用。从根源上来说，这是因为公司缺乏人力资源规划和员工储备。从人事招聘及使用的角度来说，所有刚招聘来的新员工都是“半成品”，是需要验证和改造的“半成品”，无论是验证还是改造以及创造机会让新、老员工磨合，都是需要时间和费用的。若是采取人力资源需求表与储备式招聘相结合的做法，即储招后用，可以大幅度减少这个改造和验证成本。

招聘工作的核心

有句话经常被很多老板挂在嘴边，“治大国若烹小鲜”，认为治理天下不过如此，管理生意更不是什么难事，再到公司具体的招聘工作上更是觉得简单。但是在面对一些具体而现实的问题时，道理是道理，麻烦却是麻烦。很多时候是我们自己没有弄明白这些道理和理论的真实意思。例如这句“治大国若烹小鲜”，前面还有一句“顺天理人性”，意思是说，“若是顺着天理和人的本性，这样治理天下才会像烧菜那般轻松。”这句话的关键是：有没有顺着天理和人性。

公司招聘也是如此，若是顺着人性来考虑招聘工作，也不是难事。这里的顺着人性就是顺应个人的习惯！招聘考查的核心就是应聘者的习惯，要顺应员工个人的习惯，将其与工作岗位的特性进行结合。把握好这一点，招聘不再是难事。

人的绝大多数言行举止都是习惯性的、不由自主的动作。或者说一个人的习惯起着主导作用，例如在考虑问题的方式上，面对问题的态度上，对新生事物的判断等方面，都是习惯性的。

人所有的习惯都是后天养成的，在各自的生活环境和工作环境中，经过长时间的适应和重复以及强化，而养成一定的习惯。习惯一旦形成之后，是很难改变的，或者说改变的成本是非常高的。员工自身所具备的习惯与工作岗位之间的差距越小，其改造成本就越低。花费巨大的成本去改造人的习惯（且不能确保改造效果），从公司财务角度是不合算的，更不适合财力薄弱的中小型公司。

另外，从工作效率的角度来说，当人按照自己的习惯做事情时，是不需要花费太多精力的。当员工从事喜欢的事情，劳累感就会少很多。

在常规的招聘工作中，老板们往往看重招聘对象的人品、素质、工作能力、历史业绩、社会资源，乃至个人仪表等。其实，这些都是次要的，而且很容易虚构做假。个人素质、工作能力、历史业绩等情况，其背后的支撑因素就是员工的个人习惯。所以，在新员工的招聘过程中，需要重点询问其所具备哪些习惯。并且提前是要向员工说明这里所指的习惯没有好坏之分，避免员工刻意隐藏一些表面上看起来不那么好的习惯;然后,以该员工身上的习惯为前提,与工作岗位的特性要求相结合。当两者能很好地结合在一起的时候,在后期的实际工作中,自然要轻松很多。

要明确员工来应聘的最主要目的

在很多老板看来,员工来上班就是为了挣钱,而且越多越好。于是公司在人事管理的结构设计也是以此为导向,“能符合岗位需求的就留下,好好干就会多给钱,干得不好就会被扣钱。”诸如实施工资普调、人员激励、分股份、合伙人制等管理措施,归根结底都是一种分钱模式,试图通过经济手段来对员工实现正向或是反向的激励。

但人不是机器,人的需求是多元化的,且具有多变性以及隐藏性。员工来公司上班,不一定就是冲着钱来的,往往还有别的目的,公司若是能早点了解,在员工的岗位安排方面就会有针对性,同时也能更好地建立对员工的管理模式。

无论是老板还是招聘专员，在招聘面试阶段，一定要向应聘者问清楚一个问题："你之所以想应聘这份工作，除了基本的薪酬因素外，在其他方面还有什么考虑？即除了钱之外，还有哪些是吸引你来的因素。"

无论员工是否愿意表达出来，员工来上班的可能性往往有以下这几种：

(1)薪酬收入。这是最简单也是最基础的需求。

(2)为了学习。如学习一门技术，学习如何做生意，学习如何做管理，通过工作了解某个行业等。

(3)获取资源。员工在工作时可以接触公司当前所拥有的社会关系资源、客户资源、供应商资料、配套服务商资料、技术资源等。

(4)兴趣爱好。有些员工可能就是单纯喜欢这项工作，例如有人喜欢开车，找份司机的工作；有人喜欢全国四处跑，找份需要经常出差的工作；有人喜欢电脑，找份 IT 主管的工作；有人喜欢看书，找份图书管理员的工作，等等。

(5)希望找到能让自己发挥的平台，自己想做出一番成就出来。

(6)为了照顾家庭。有可能这家公司的工作时间宽松，离家近，方便自己照顾家庭。

(7)消磨时间。这一类人基本不是冲着钱来的，只是因为自己在家闲着无聊，想找个事情充实自己而已。

(8)为了给家人一个交代。有些人也许出来上班，是为了给父母一个交代，证明自己在上班。

(9)认为这个公司里的同事不错。以前可能对这个公司里的人有过了解和接触，在一起相处会很开心，能交到很多朋友。

(10)想要受到尊重。有些人上班也许就是为了得到别人的尊重。

(11)公司或是职务本身可以为自己带来其他一些利益。也许上班本身的工资收入一般，但可能会带来其他方面的利益，如一些社会资源，身份的认可等。

(12)为了过渡。有些人到公司上班，可能只是来过渡一下。也许是大学毕业生刚出来找工作，一时没有找到合适的，先在公司里过渡一下；或是想通过当前公司的平台，攒一点资历，从而跳到更大的公司去。

(13)冲着单位的社会地位来的。有一些公司，也许收入不高，但社会地位高，说出来很有面子。

(14)有一些人家里本身开着公司，将来是要接班的，出来上班就是为了锻炼自己，为将来工作做准备。

……

总之，公司要在面试时，问清员工来公司的目的，有针对性地制定管理措施。

公司一定要高薪挖人吗

对于很多老板来说，花高薪请人是没有办法的事情。尤其是高级管理人才或是高级技术人才。企业发展急缺，当前内部选拔不出来，只有出高薪在外面挖人。

可是重金请来的人才就一定能发挥价值吗？不一定。

1. 只挖人，挖不了身后的平台系统

老板看到的这些外部引进人才的履历，不论是历史业绩还是个人情况，都是通体发光的。可一个人的能力和成就，往往是基于背后公司平台的支撑，也就是说，往往不是这个人成绩取得的有多大，而是身后的平台作用大。老板高薪聘请人，只是挖走了这个人，而挖不走背后的平台。当人才脱离原有的平台后，个人能力往往迅速下降，这样就违背了高薪聘请人员的初衷。

这种情况尤其会出现在民营企业高薪聘请外企高管中。

2. 对当前中高层员工的冲击

公司对当前老员工的薪酬待遇往往有一套成熟的体系，员工想要涨工资，至少要在一定的时间点，还得要拿出一系列的证明出来。要想晋升更高一级职务，难度更大。可老板挖过来的人，一到公司就给高薪高职，老员工心里当然会不平衡。

3. 生存环境恶劣

老板高薪挖过来的人才，虽然会被老板高看一眼，但公司里的员工往往不会服气，在企业内部没有群众基础，想做点事情是很难的，尤其是在涉及资源调动、跨部门协调的时候。

老板花高薪聘请高管，根本原因是老板自己的眼界和管理能力不到位导致的。针对这种情况，公司要建立一个早期的人才储备和培养的机制。

有些事情老板要想在前面：

（1）公司的战略发展规划，至少要着眼于未来10年的发展，从资源、业务、管理等方面，推算到所需要的人力资源。

（2）公司战略规划确定后，还要保持每年修改微调，及时加入新变化的元素，毕竟市场环境年年都在变化。

（3）基于公司未来发展的需求，提前建立对相关专业人才的内部培养体系。但实际情况是，真正有建立内部人才培养机制的公司寥寥无几。

（4）公司来不及内部培养，必须要外部引进时，要考虑清楚几点情况，如个人能力有多少取决于身后的平台；外部引进人才与当前团队之间的融合问题；是指望外部人才来为公司搭建一个新的体系，还是基于公司当前已经搭建的体系进行进一步完善等。

（5）公司用人的方法很多，不一定非要全职招进来，有时候兼职是个效率更高的选择。

（6）前期可以让外部人才以顾问的形式在公司兼职，对于特别优秀的人员，公司还可以考虑在内部为其设置专属办公室，配置专职助理等措施。

（7）对一些专业较强的岗位，不一定非要由某个人才来独立承担，而是考虑将岗位进行分解成若干小模块，降低工作难度，拆解给若干小岗位来承接。

（8）涉及新部门、新系统、新项目等打造的，最好还是由公司当前的老员工牵头，而外部人才作为技术顾问。因为老员工在公司内的沟通、资源调动、跨部门协作等方面更具备优势，外部人才则发挥技术优势，双方各取所长，相得益彰。

公司招聘工作常见的两个误区

公司进行人员招聘时要考虑的因素很多：人员能力、人员素质、人员经验、人员的资源、人品、责任心、学习能力等。

有些老板在招聘工作中，会不由自主地拔高要求，觉得每个人都不符合要求，抱怨员工不好招。

老板们之所以会不由自主地拔高对员工招聘的要求，核心是因为老板们根据自己作为原型和标版，希望招进来的新员工，也能达到自己对公司、对工作的能力水平和责任心，这当然是非常难的了。

从实际情况来看，人员招聘都是在招“半成品”，应聘者几乎不太可能正好符合公司的各项要求。所有的应聘者在进入公司后，必然要接受一系列的改造，例如产品知识、销售能力、做事风格、企业文化、管理顺从、执行力等，逐渐被改造成符合岗位特征的员工。当然，人员改造是需要成本的，包括时间成本和费用的成本。若是直接按照成品的思路来招聘，很难有好的运气正好遇到各方面都符合标准的员工。此为招聘工作的第一个常见误区。

老板们希望直接招到成品又引发了招聘工作的第二个误区，就是诱导应聘者过度包装的问题。

在公司的招聘广告上，提出过高的应聘条件，可能使得应聘者刻意进行一些自我包装，过于美化自己的工作能力。

公司对应聘者最起码的要求是诚实，但一些应聘人员出于求职压力和其他的影响，会过度包装。针对这一问题，老板在招聘时不能过于相信自己的识别能力，通过简单的面试沟通便直接拍板，一旦遇到不好的员工，会给公司带来损失。

针对这种情况，公司在面试阶段就要建立对应的防范机制，不能等员工进公司上班之后再来发现问题。在这里比较基本的应对办法有以下几种。

1. 在面试中，可以进行相关逻辑性问题的设置

例如：

(1)先询问员工的压力承受能力和自我检讨意识。

然后对应地询问对上一家公司的评价和离职原因。

(2)先询问员工对规划方面的意识和实际规划能力。

然后对应地询问今后的基本专业发展规划与职业发展规划。

(3)先询问其对管理工作的认识和心得以及采取的相关措施。

然后对应地询问当前其所面临的实际管理问题。

在先询问和后面对应询问的两个问题之间，再穿插一些别的问题，刻意进行一些扰乱，避免面试者明白问题之间的逻辑关系。这样公司可以从逻辑对应的角度来检测应聘者所述的情况是否有矛盾。

通俗点说，就是在面试中设置若干问题中，相关问题之间有对应关系，通过对方对不同问题的回答，分析其中的对应关系，看其中是否有过度包装，刻意迎合公司招聘条件的情况。

2. 务必采取员工职业背景调查制度

对员工在简历上所标明的历任公司，逐一进行调查，调查对象不仅仅是应聘者所提供的证明人，还要进行以下四个方面的调查：

(1)前期公司的人事管理部门；

(2)前期公司的老板；

(3)前期公司的同事；

(4)在前期公司有关联往来的客户等。

虽然这样做很麻烦，但所了解到的情况必然会更为客观和全面。

3. 家访

父母都会希望自己的子女有稳健的职业发展，也是最了解自己的子女的，所以公司在进行应聘者职业背景调查时，可以考虑与应聘者的父母进行接触，了解应聘者的性格脾气等。按照笔者的经验，绝大多数父母会非常热情并积极地和新公司的人事部门或是老板介绍自己孩子的情况。公司通过与员工父母沟通及员工父母所表现出来的状态，可以分析出员工的一些情况。

4. 证明人制度

公司可以设立证明人制度。即要求应聘者将前期公司的实际工作情况，进行一个书面说明，然后找证明人签字确认，当然，不需要证明人承担相关的连带责任。这种制度会让应聘者受到一定的约束，从而减少弄虚作假的概率。

5. 以短期工的形式参与

常规的招聘工作使得应聘者对公司的了解，公司对应聘者的了解都止于简单的语言沟通，并没有多少实质上的深入了解。双方得到的信息量非常有限，也没有办法确保真实度。

在这里，公司可以考虑将面试分为两次。在两次面试之间，安排应聘者在公司进行短期工作。哪怕只有一天或是半天，让应聘者进入公司，在某个岗位上参与一些实际工作。一方面公司可以借此观察应聘者的实际工作状态；另一方面也让应聘者亲身感受一下公司的实际工作状态，看清自己是否适合此项工作。在短期工作结束后，再安排第二次面试，相信双方在沟通中，对各自的状态要深入了解很多。

从招聘到入职的基本流程建立

公司的人事管理工作是从招聘开始的，若是招聘层面出问题，没有确保所招员工的质量，必然会给后期的人事管理带来一系列的麻烦。

但问题是大多数小公司的招聘工作都较为粗放。在老板看来，招聘工作是很简单的事情，公司发布招聘启事，应聘人员来面试，情况不错就先试用，干得不错就转正，不行就淘汰。在这种指导思想下，招聘工作缺乏相关的标准流程，考核和审查的随意性强，甚至面谈该谈些什么都没有一个标准。

这样的后果是，效率低，人员不好招，招来了留不住，招聘进度与岗位需求之间存在缺口等。针对这种问题公司要建立一套基本的结构。

1. 基本原则

老板在思想层面上要明确以下几点原则：

(1)员工工作质量的源头是招聘；

(2)招聘招的都是“半成品”，老板不要有完美主义思想；

(3)招聘不仅仅是招聘当前急需的员工，还要有储备意识，对未来的人员需求要提前储备；

(4)招聘和入职后的培养，尤其是专业人才的培养，都需要时间，所以要提前有效利用好时间；

(5)招聘的同时，要考虑员工的入职、晋升、变异和离职等；

(6)新员工入职时的积极状态，要有对应的保护措施，否则很容易消耗殆尽。

(7)对于新员工的学习和工作安排，要有系统地规划，确保员工能在较短的时间内上手，实现“能力—业绩—收入—稳定”的良性循环。

2. 公司招聘的方法

在一些公司中，传统的招聘模式就是现招现用，甚至是急用现招，招聘方法是通过发布招聘广告、在劳动力市场现场招聘、通过中介机构等。其实，对于小微公司来说，最合适的招聘方式就是通过当前员工的介绍。这样找来的人员更靠谱，能降低公司的成本，同时还能实现早期的人员储备。

3. 公司招聘广告的撰写

一般来说，应聘人员是通过招聘广告来认识了解公司的，招聘广告的撰写质量很大程度上决定了员工是否有兴趣进一步来公司面试。简单粗糙的招聘广告，会暴露公司的低水平，乃至对员工的不尊重；而过于美化的描述，又导致新员工产生过高期望值，在入职之后产生落差感。所以，招聘广告的撰写，一定要认真对待，要实事求是。

4. 规范化面试

应聘者来面试，如何接待？需要应聘者说些什么？作为面试官，打算问应聘者一些什么问题？哪些话题可以交流？鼓励应聘者谈出哪些观点？如何了解应聘者过去的经历？……这都需要公司有一套较为完整的面试流程。

5. 上岗前的自我准备

对于很多员工来说，进入一家公司上班，并没有清晰的职业规划。所以，公司出于对员工负责、对公司负责，有必要在面试后，给员工一个说明书，详细列出工作变动对个人可能产生的影响，需要员工自己提前想明白等。

6. 入职审查

对新员工所提交的材料，出于安全起见，公司应做相关的审查，如一些证件、前工作单位的任职和离职情况等，都需要进行入职审查，起码要确保新员工的安全性。

7. 岗前安排

所谓岗前，就是从通知员工被录取到员工实际入职上班中间的时间段，例如，5 月 1 日通知新员工被录取，请新员工做好与前任公司的离职交接工作以及进入新公司的准备工作；5 月 20 日到新公司正式报到上班。那么，这中间 20 天的时间，就属于岗前阶段。这期间，新员工还不属于公司的正式员工，公司也不用给员工发工资。很多时候公司就会将这个时间段白白浪费了，其实，这个时间段可以用来做员工的上岗技术培训(以自我学习为主)。这样做成本低、效率高，且可以大大缩短新员工正式入职之后的上手时间。

8. 新员工入职

新员工正式到公司报到上班，公司要安排新员工办理入职手续、熟悉环境、认识同事，有时候可能还要搞一些欢迎仪式。公司要让新员工快速熟悉公司，了解各项规章制度，尽快融入团队；要让新员工感受到公司的管理有序和对自己的欢迎态度。

9. 上岗培训

新员工刚到公司上班，首要工作就是学习、接受培训。那么，具体要学什么？次序怎样排列？各学习内容之间的逻辑关系怎样设定？学习方式是什么？学习之后的验收与考核怎样安排？这些都需要公司有一个整体的规划，让新员工能够有序且高效地进行上岗前的学习。

10. 老员工和新员工之间的磨合

有些公司的老员工会或多或少地对新员工有些排挤，轻则打击新员工的工作热情，重则导致新员工离职。对于这个问题，老板不可不考虑，要有前期的预防机制来解决这个问题。

11. 第一次单独沟通

新员工入职一两周后，老板要安排一次单独沟通，了解员工的实际工作情况，并解释一些问题，尤其要对公司的实际情况进行客观说明，既要维护员工的工作热情，也要帮助员工更加深入地了解市场和公司，明确员工的专业定位和发展方向。

12. 工作安排

新员工入职初期，公司在安排其学习的同时，也要开始给新员工安排工作。新进员工，工作能力和效率有限，并不能像对待老员工那样安排工作，在工作性质、类别、任务量等方面要有所考虑。同时，与工作对应的考核，也要进行相应的调整。

13. 发展规划

对于新进员工，公司要主动帮助其做好未来职业发展规划，明确未来的发展方向，并按阶段划分。这既是对新员工个人负责，也在一定程度上稳定员工，让员工有个奔头。

14. 转正

员工在试用期结束后，自然就要转正了。员工转正不仅仅是一个手续的事情，还应该是对员工在试用期的一个总结，公司一方面要对员工进行肯定；另一方面，要指出员工存在的不足，并提出对应的改进方案。

15. 离职

员工在办理完转正手续之后，公司就可以将离职交接说明书提前给到新员工。因为若是在员工离职时再给离职交接说明书，对于所列出的大量交接事务，员工会认为公司在刁难自己，导致双方关系恶化。而在员工转正后，就提前把离职交接说明书给到员工，可以有效缓解员工离职时的不满。关于离职交接说明书的具体内容，后面章节将有详细说明。

16. 高级员工引进

对于公司高级员工的引进，相关的流程和标准更为复杂，要导入一些策略性的因素，前期的考察与接触要更加全面，背景调查要更加深入。甚至，在前期还要考虑员工的接触方式，以及高级员工到岗后，前期的工作安排等。

以上是公司从招聘员工到员工入职的一些基本参考流程，老板们可以根据自己公司的实际情况进行完善和改进。

第三章

新员工的招聘

人事管理的第一步：组织架构图

人事管理工作虽然事务繁杂且涉及面广，但事情必然也要分个先后次序，人事管理工作的第一步就是制定组织架构图。

什么是人事组织架构图？通俗点说，就是把公司的部门分布情况和相关的人事隶属关系，以图表的形式，清晰、直观地展现出来。如本公司有几个部门，分别承担的工作职能是什么，部门内部的隶属关系是怎么样的，行政方面的管理结构又是怎么的等。

那么，对私营企业来说，该如何具体制作人事的组织架构图呢？

1. 基本组成

绝大多数公司的组织架构基本上由三大部分组成。

(1)管理层。

(2)后台部门(包括储运、财务、人事、行政等)，以对内管理为主，并为前台提供支援服务。

(3)前台部门(包括市场、销售、客服等),以对外的经营性工作为主。

2. 基本图形示范

公司的人事组织架构图,可以参考下图。

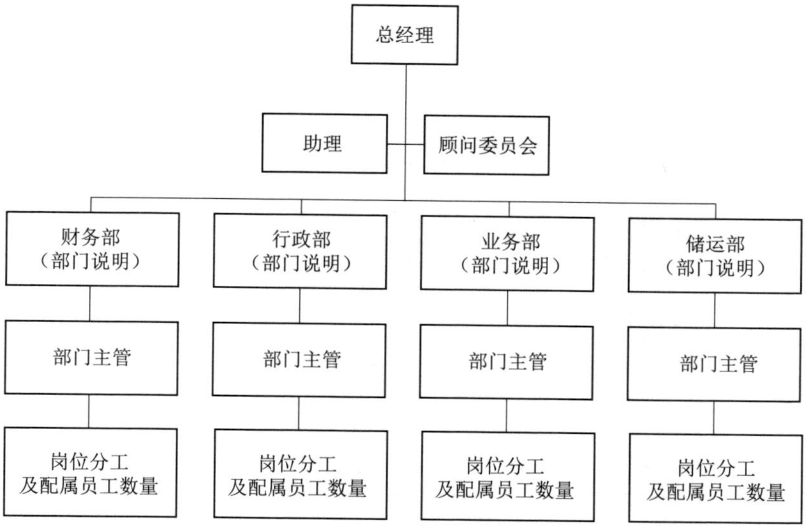

3. 岗位说明

在部门说明书中,需要把该部门所负责的工作范围进行简要说明,标明该部门的主管姓名;同时,在该部门主管的下方,标明下级所属岗位情况,需要将该部门内部的相关岗位分工进行说明。例如,财务部主管下属的岗位,有记录文员、出纳、开票员等,同时注明该岗位所配属的员工数量等。

4. 制作

将此人事组织架构图设计完成后,可将其制作出来,挂在公司的办公室里。此组织架构图可以作为公司的公开文件,在一定程度上展示公司的规范化形象。实际制作效果可参见下图。

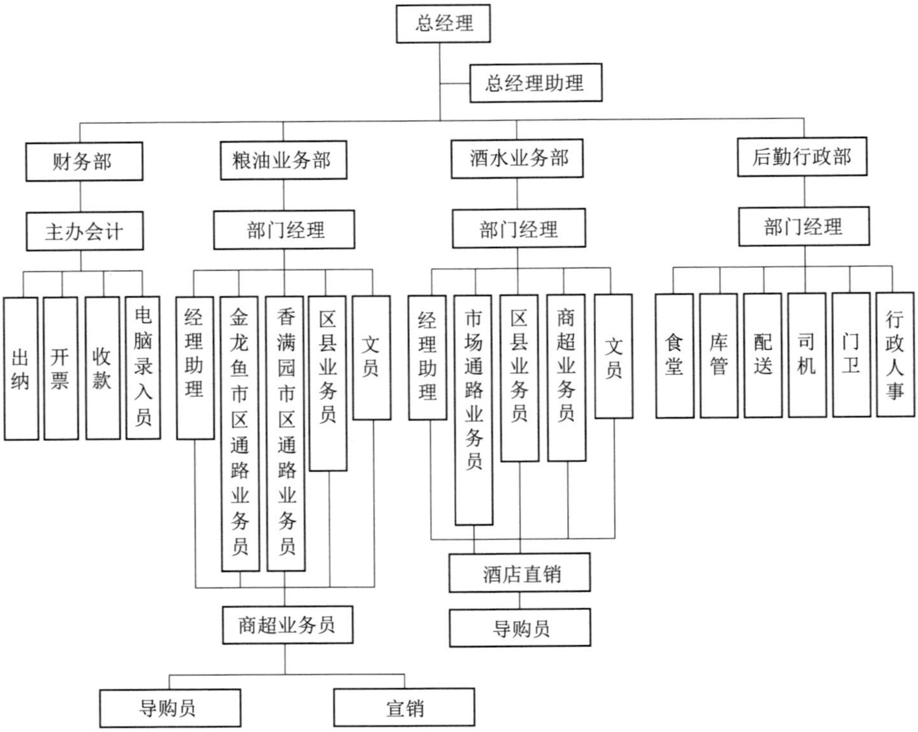

公司行政架构图

若本公司的人员和岗位关系较为稳定，还可以在岗位姓名位置，增加员工的照片。同时，该组织结构图也要印制在员工手册中，并在公司网站上体现。

5. 岗位设置

公司在岗位设置时，不仅要完全体现当前的岗位分布情况，还可以增加一些计划增设的岗位，即岗位预设。这样一方面便于人事部门的提前筹备培养；另一方面也是给当前员工一些职务发展空间。

此外，公司人事的组织架构图不是一成不变的。公司的组织架构发生较大变化时，应重新制作新的组织架构图，同时，可以以制作时间作为版本号，例如 20100618-3，说明这张人事组织架构图是公司在 2010 年 6 月 18 日所制作的第三版等。

人事管理的第二步：人力资源需求表

公司的生意要一直做下去，一些未来的规划就要提前考虑。虽然我们不能精确地预测未来，但可以做好一些大体上的规划和准备工作。随着公司规模的不断扩大，员工队伍的扩大是迟早的事情；同时，随着公司部门及岗位的细分，公司对员工的素质和专业也提出了更高的要求。那么，公司在未来的发展过程中，究竟还要设置哪些新岗位？具体什么时候设立？这些新岗位需要增加多少人手？人员来源怎么解决？这些问题都要进行提前考虑，制定规划，以方便进行相关的设计和准备工作。而这些问题，落实在具体的工作上就是要制定人力资源需求表。

严格来说，每家公司都应该制作人力资源需求表，对公司在未来发展过程中的岗位及人员需求情况进行量化设置，以提醒老板对未来的人员补充。基本的人力资源需求表可参照下表。

	第一年	第二年	第三年	第四年	第五年
当前岗位 1					
设定人员数量					
补充来源					
当前岗位 2					
设定人员数量					
补充来源					
……					
未来岗位 1					
能力要求					
设定人员数量					
人员来源					
未来岗位 2					
能力要求					
设定人员数量					
人员来源					
……					

这张表格立足于公司现有的岗位和人员数量情况，从公司发展的角度将未来的人力资源需求进行量化。以下来具体解释人力资源需求表。

1. 时间设置

既然是公司未来的发展规划，就得有足够的时间长度。考虑到人员招聘及培养的时间成本，建议将此人力资源需求表的时间长度设定在3～5年。

2. 岗位设置

公司越大，岗位就越多，岗位的核心是工作类型的细分。公司可以把岗位分成当前岗位和未来岗位两类。未来岗位就是未来公司打算设置的岗位。如果老板能测算出公司未来三五年要增设的新岗位是最好不过的情况；若是预测不出来，最简单的办法就是参照比自己更大的私营企业或是厂家的岗位设置状况，进行岗位预设。

3. 新岗位的能力要求

公司设立新岗位相对简单，关键是要明确这个新岗位需要员工具备什么样的能力，或者说这个岗位主要是用来解决什么问题的。岗位对员工的能力要求主要包括学历、工作年限、专业技术程度、历史业绩水平、个人性格、思维特性等具体的量化指标。这些量化的标准公司需要提前设定，并按照标准来招人。尽量避免因为缺乏岗位能力标准，而出现因人设岗位的情况。

4. 人员数量的考虑

公司各岗位的人员数量要细分成几个指标。首先是公司当前的岗位，从未来发展的角度在数量上需要增加多少，并且要按照年度来进行细分，例如送货司机，当前岗位是5位，明年要增加到7位，后年要增加到10位等。同样，对于未来将要设置的新岗位，也要测算分阶段的数量设置。

5. 人员的来源

一般来说，公司新员工的来源可以分为内部培养和外部直接招聘。细分下来有内部的培养提拔、内部转岗、内部兼职；外部有直接招聘、外部兼职、委托培养等方式。

许多私营企业的发展陷入瓶颈或是新项目失败，往往是因为人员缺乏。要么是员工的数量不够，要么是质量不达标；等到公司用人时，才忙着急招急用，数量、质量都没有办法保证，导致公司或项目发展出问题。上文的人力资源管理表格能在一定程度上帮助公司起到规划、提示的作用，引导公司老板，未雨绸缪，考虑未来的人员需求问题，并作为筹备工作的指引。

员工入职意愿表

新员工在入职阶段，对公司、对工作、对自己的个人发展，必然存在着自己的看法，其观点也许与公司所设定的价值观存在一定的差异，新员工自身的职业发展规划与公司对其定位存在偏差。作为公司管理层，非常有必要对实际情况进行了解，把握员工的入职状态和基本规划，为后期对其的定位与职业规划设计做好铺垫。

针对这种情况，公司可以设计一个“入职意愿表”，以此进行对员工的了解。此表格可以让员工在确认入职后填写，也可以在面试阶段填写。表格的内容包括以下几点：

(1)员工了解公司的渠道。新员工是通过什么渠道了解公司的，是招聘广告，行业内的认知，还是老员工介绍等。不同的了解渠道，决定了新员工对公司的了解程度以及对公司的初始信任程度。

(2)员工入职的目的。员工入职的目的包括很多，是获得基本的收入，还是有职业化发展的考虑，或者当成下一个目标之前的过渡等。

(3)员工个人收入的设定。以季度为单位，请员工自己设定未来个人收入的递增目标，公司依此间接分析员工的进取心。

(4)询问员工是否愿意承担管理类工作。

公司可以考虑将新员工作为管理岗位的储备培养对象，同时了解其在管理工作方面的基础和学习计划。

(5)询问员工是否愿意承担研发类工作。间接了解员工在个人专业技术方面的进取心。

(6)询问员工是否接受工作地域调动以及调动的区域范围。了解员工对工作环境的适应能力。

(7)关于个人晋升，是员工自己主动提出来，还是等待公司安排；自己对职务晋升方面有哪些计划。

(8)询问员工个人工作能力方面的问题。例如是否清楚当前的能力技术水平，哪些方面的职业技术需要弥补或强化，打算采取哪些提升措施，对培训工作的接受程度，以及个人在业余时间的学习计划，甚至涉及一些个人学习费用的承担情况等。

(9)询问员工对压力和落差的承受能力。包括个人以往的压力承受经历，对未来的压力承受能力。同时，在进入工作岗位后，遇到实际情况与自己所想象的不符时，个人的最长忍受时间是多久。

(10)关于离职。所有的员工都将是离职员工，公司不能指望员工进公司干一辈子。所以，有关离职的事情得提前和员工有所沟通，主动询问员工对离职方面的设定和打算。

以下是入职意愿表的样表，可做参照。

新员工入职意愿表

<table>
<tr><td>员工姓名</td><td></td><td>应聘岗位</td><td></td><td>时间</td><td></td></tr>
<tr><td colspan="3">对公司的了解渠道(请选择)：</td><td colspan="3">入职基本目的(请选择)：</td></tr>
<tr><td colspan="3">1. 媒体广告</td><td colspan="3">1. 单纯的就业</td></tr>
<tr><td colspan="3">2. 招聘信息</td><td colspan="3">2. 更高收入或更好的发展平台</td></tr>
<tr><td colspan="3">3. 前期工作接触</td><td colspan="3">3. 职业化发展</td></tr>
<tr><td colspan="3">4. 老员工介绍</td><td colspan="3">4. 顾及家庭</td></tr>
<tr><td colspan="3">5. 行业传播</td><td colspan="3">5. 过渡阶段</td></tr>
<tr><td colspan="3">6. 基本无了解</td><td colspan="3">6. 创业前的学习</td></tr>
<tr><td colspan="3">7. 其他</td><td colspan="3">7. 其他</td></tr>
<tr><td colspan="6"></td></tr>
<tr><td colspan="3">个人收入提升目标：</td><td colspan="3">入职后第五季度(第二年的第一季度，以下类推)，目标值：</td></tr>
<tr><td colspan="3">入职后第一季度，目标值：</td><td colspan="3">入职后第六季度，目标值：</td></tr>
<tr><td colspan="3">入职后第二季度，目标值：</td><td colspan="3">入职后第七季度，目标值：</td></tr>
<tr><td colspan="3">入职后第三季度，目标值：</td><td colspan="3">入职后第八季度，目标值：</td></tr>
<tr><td colspan="3">入职后第四季度，目标值：</td><td colspan="3">入职后第九季度，目标值：</td></tr>
<tr><td colspan="6"></td></tr>
</table>

续上表

<table>
<tr><td colspan="3">是否愿意承担管理类工作岗位：</td><td colspan="4">是否愿意承担研发类工作岗位：</td></tr>
<tr><td colspan="3">关于工作调动：</td><td colspan="4">关于个人晋升：</td></tr>
<tr><td colspan="3">1. 是否接受轮岗</td><td colspan="4">1. 等待公司提拔</td></tr>
<tr><td colspan="3">2. 是否接受外地派驻</td><td colspan="4">2. 主动申请</td></tr>
<tr><td colspan="3">3. 是否接受临时性内部兼职</td><td colspan="4">3. 半年内晋升目标：</td></tr>
<tr><td colspan="3">4. 是否接受经常性出差</td><td colspan="4">4. 一年内晋升目标：</td></tr>
<tr><td colspan="7"></td></tr>
<tr><td colspan="7">关于个人的工作技术能力</td></tr>
<tr><td colspan="7">1. 当前具备哪些技术优势：</td></tr>
<tr><td colspan="7"></td></tr>
<tr><td colspan="7">2. 哪些技术需要弥补或是强化：</td></tr>
<tr><td colspan="7"></td></tr>
<tr><td colspan="7">3. 打算采取哪些学习措施：</td></tr>
<tr><td colspan="7">4. 是否愿意在业余时间进行学习：</td></tr>
<tr><td colspan="7">5. 是否愿意自行承担学习费用：</td></tr>
<tr><td colspan="7">6. 是否愿意进行内部技术分享：</td></tr>
<tr><td colspan="7">7. 是否有个人持续研究课题：</td></tr>
<tr><td colspan="7"></td></tr>
<tr><td>关于在职时间：</td><td>1～3 个月</td><td>半年左右</td><td>一年</td><td>二年</td><td>三年</td><td>更长</td></tr>
<tr><td colspan="7"></td></tr>
<tr><td colspan="3">关于离职：</td><td colspan="4">关于个人压力承受情况：</td></tr>
<tr><td colspan="3">1. 会提前三个月告知</td><td colspan="4">1. 是否可以在持续压力下工作</td></tr>
<tr><td colspan="3">2. 会提前一个月告知</td><td colspan="4">2. 压力承受能力逐渐增强</td></tr>
<tr><td colspan="3">3. 会提前告知</td><td colspan="4">3. 压力承受能力持续减弱</td></tr>
<tr><td colspan="3">4. 也许不会提前告知</td><td colspan="4">4. 对高压的持续承受时间</td></tr>
</table>

公司可以参照以下样表，制定本公司自己的入职意愿表。

招聘广告起草的基础

公司在进行外部招聘时，需要制作招聘广告。虽说这只是一个简单的信息发布，但也得花些心思。若是做得好能提升信息发布的传播率及公司形象；若是粗制滥造，可能会降低公司形象，甚至吓走一些应聘者。那么，关于没有雄厚资金支持的小公司的招聘广告究竟由哪些内容构成呢？

1. 版本设定

招聘广告至少要做两个版本的设计，一个是电子版本，用于邮件发送和网络招聘广告；一个是书面版本，用于招聘会现场张贴，或是外部广告栏张贴之用。

2. 尺寸设定

书面版本的尺寸一般要做两个，一个可以是 A4 尺寸，用于室内小型广告位的张贴发布；另一个可以是 A2 尺寸，用于室外广告位的张贴发布。

3. 格式设定

电子版和印制版，应采用标准印刷字体格式也可以采取手工的美工字体。如果无法确保字体优美的话，最好不用手写版，如下图所示。

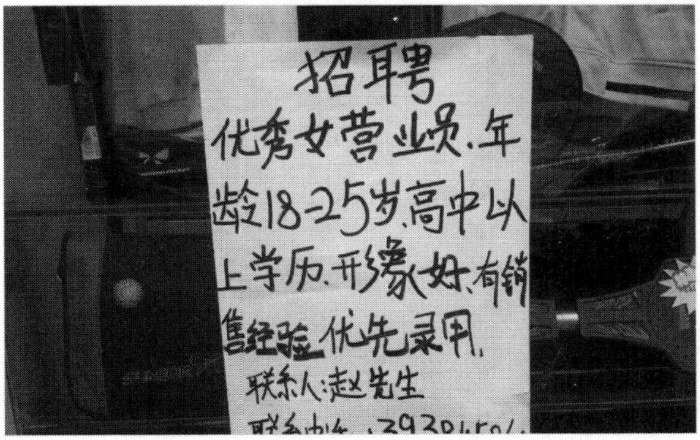

4. 公司介绍

招聘广告的开篇是从公司介绍开始的，公司介绍一般有如下内容构成：

(1)投资方；

(2)成立时间；

(3)行业范围；

(4)基本的业务形态；

(5)在当地的行业地位；

(6)公司当前规模；

(7)未来发展方向等。

在公司介绍部分，切忌过度包装，或者进行一些绝对值的描述，诸如行业第一、本地最大之类。这样容易使得应聘者产生过高的期望值。应从客观角度进行描述，可以从一个较为稳妥的角度进行公司正面宣传，例如独特的业务模式、发展速度、市场占比等。若只是直奔主题的招聘，也没有什么吸引力，如下图所示。

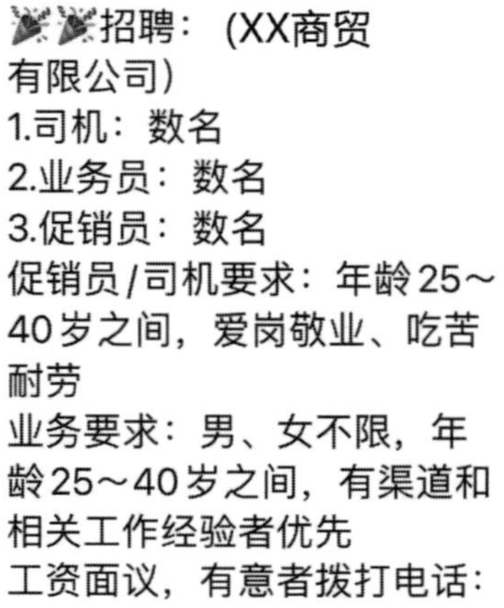

招聘：（XX商贸有限公司）
1.司机：数名
2.业务员：数名
3.促销员：数名
促销员/司机要求：年龄25～40岁之间，爱岗敬业、吃苦耐劳
业务要求：男、女不限，年龄25～40岁之间，有渠道和相关工作经验者优先
工资面议，有意者拨打电话：

5. 招聘理由

公司为什么要招聘员工也要说清楚，是为业务发展需要，还是提前的储备式招聘。这里需要说明的是，切忌标注“急招”，因为这样会给应聘者带来两种感受：

（1）这个公司急着要人，工资应该给得比较高，自己应该有较多的谈判主动权。

（2）这个公司做事没有规划，急着招人说明早期没有足够的规划与筹备等。

6. 招聘岗位说明

要说明招聘的某个岗位在公司整体运营体系中的地位和必要性及主要的

工作范围，内容应尽量全面化。

7. 任职资格

岗位说明后面要列出对应的任职资格。任职资格有两类，一类硬性指标，例如专业技术等级，这个方面不宜说得太高，过于高的标准，会吓走不少有潜质的应聘者。具体的要求，可以在面试的时候再来沟通。还有一类是软性指标，例如一个人的品质、团队精神等。这里需要特别说明的是，往往能从新员工对任职资格的描述中，看出其在前任公司离职的原因。

8. 待遇情况

在工资待遇方面，公司需要模糊化处理，在招聘信息中不能写理论上的最高收入，而要客观。可以注明起薪和理论最高值的区间，例如月收3 000～5 000元。

9. 联系方式

招聘信息中要注明公司的详细联系信息，如座机号、手机号、电子邮箱地址等要尽量写齐全，并标明招聘工作的具体联系人，最好标明可以联系的工作时间等。

10. 公司形象的细节显现

可以在招聘信息中通过一些小细节来彰显公司的正规化，诸如：

(1)在招聘广告的页眉或是页脚，增加一些公司内部文件编码信息，例如：人力资源部门—招聘—202009。

(2)标明该招聘文件的起草部门和发布核准部门。

(3)标明该招聘文件的发布序列号。

(4)标明该招聘文件的发布时间和有效期等。

公司在面试时要说清楚的八件事

招聘工作的主要执行方式是沟通，若双方谈不到一块，人就不容易招进来。但在面试的时候把话说得太夸张了，在员工入职后又会产生一些麻烦。所以，在新员工求职面试阶段，作为老板或是招聘负责人，有些话要提前说清楚。

站在老板或是招聘者的角度，为了在面试中把合意的人吸引进来，往往会说以下这些内容：

(1)强调公司的正面因素，诸如行业发展空间、公司发展速度、公司的行业地位等；

(2)强调老板的正面因素，诸如老板大气、有魄力、能力强等；

(3)强调公司对求职者的重视，表示很看好求职者等。

而有些内容则说得比较模糊，比如员工的晋升路径和待遇收入方面等。

老板之所以会这样做，目的很简单，就是试图以此来吸引求职者，让求职者对自己放心，对未来发展有信心。至于在待遇和晋升方面又不会说得很清楚，则是因为老板认为员工要在自己的掌控之下，自己要先看到员工的实际表现，然后老板再综合相关方面的情况，酌情考虑员工的升职加薪。总而言之，这个方面的主动权得完全掌握在老板自己手里。

而员工也许会被打动，并形成较高的期望值。但是在入职全面认识公司和老板之后，真实情况与当初形成的期望值之间往往会出现一定的落差。这种落差会直接导致员工对公司及老板产生失望情绪。

作为老板，在面对当前的求职者时，有几点思想要调整：

(1)公司和员工双方是合作模式，不再是简单的上对下的管控模式；

(2)员工的薪酬待遇要明确，不能藏着掖着；

(3)能量化的东西要量化，少些模糊化；

(4)对公司、对老板的描述要客观，不能动不动把自己包装成高大上；

(5)能直接说出来的事情，就不要让员工花费大量的时间来自行了解；

(6)若是双方在面试阶段谈不拢也没有关系；没有必要非把人“忽悠”进来，工作一段时间后再闹矛盾，这样双方损失都大。

基于以上几点原则，笔者建议老板在对新员工面试的阶段，把以下八件事情沟通清楚。

1. 新员工的就业意向

新员工来公司上班的目的很多，作为老板，不能主观认定员工上班就是为了挣钱。在这个价值观多元化的时代，至少要了解每个员工的工作价值观。

2. 预计员工的在职时间

即员工打算在公司里工作多久，最短期和最长期分别是多少，不要求精确，大概就可以。毕竟，员工在职时间越来越短已经是如今职场的大趋势。员工入职后，做一两年甚至几个月就走的情况很常见。员工迟早都是要走的，要么是有计划的离职，客客气气地做结算；要么是突然离职，甚至是闹翻了愤然离职。在员工入职的时候，公司就要考虑员工的离职，要主动询问新员工，打算在公司里做多久。

3. 期望收入和实际收入相差区间

大多数员工是会看重收入的，自己心里对收入情况会有一个预期值。公司应鼓励员工将自己的想法说出来。然后，老板可以把相关岗位的收入情况进行量化说明，尤其是将最容易模糊的奖金和晋升部分全部量化，即便量化标尺多也没有关系，但要一次性全部摆出来说清楚。让员工全面评估并决定自己是否要来公司。

4. 员工今后的发展方向

在入职之后，员工自己打算往哪个方向发展，是倾向稳定，还是想要职务上以及待遇上的提升，甚至想成为公司的股东。这些情况公司都要进行了解，以便制定相应的管理措施。

5. 对于自己所应聘的岗位，还缺哪些能力

公司招聘招的都是“半成品”，很少有完全符合公司要求的人员，多少会有些欠缺。之所以问应试者自己有什么欠缺，一方面是看求职者对自己的职业技术能力有没有一个客观的认知；另一方面也是提前分析求职者与所聘岗位要求所存在的差距，并进行量化，为入职以后的学习培训做好准备。

6. 公司当前的实际问题

没有完美的公司，也没有完美的老板。公司的问题也好，老板自身的问题也好，在面对求职者时都要客观地说出来。这样，员工在今后面临实际问题时，也有个思想准备。同时，也不会对老板和公司有过高的期望值。

7. 个人底线

每个人都会有底线，也许是收入方面的，也许是生活习惯方面的，还有可能是宗教信仰方面的。这些方面公司也要在面试中询问清楚，并记录在案。这样做一方面体现公司对员工的尊重；另一方面也为了避免在工作期间，无意碰触到员工的底线，从而引发不必要的矛盾和冲突。

8. 哪些因素会导致员工提前离职

有时候，员工计划在公司任职多久是一回事，实际能待多久又是另一回事。原计划在公司工作三年，但三个月就主动辞职的大有人在。为什么会提前走，公司也需要提前了解一下，诸如工作压力太大、收入达不到预期、同事难以相处、影响个人生活质量、没有晋升、没有成就感等。

招聘时不能说的话

分析问题要看源头，人事管理中的各类问题，往往是出在招聘这个源头上。要么是选错了人，要么是老板在招聘过程中，说错了话，办错了事。

在小型公司里，由于机构简单，招聘往往是由老板亲自来抓。很多时候，在自己的公司里，面对前来求职的应聘者，老板的言行举止不会那么严谨，很多不适宜的话随口就说了出来，给后期的人事管理工作带来一些麻烦。

那么，在招聘时，老板有哪些话需要注意的呢？

“我的为人如何如何”

“我很看好你！”

“好好干，我不会让你吃亏的！”

“我们公司是如何的优秀，未来发展前景如何。”

……

站在老板的角度，这些话是在表达老板及公司的正面信息，增加对应聘者的吸引力：考虑了员工的个人发展问题，描绘了未来的发展前景和空间所在。这难道有什么不对吗？

但如果求职者听了这些话，可能在入职后会产生一些麻烦。原因如下：

1. 关于公司本身与行业状况

员工在入职后，就要与公司各部门、各岗位有所往来，办理相关的入职手续和接手工作项目。在这个过程中，员工就能迅速感受出公司的系统化和规范化程度。一些小公司在系统化和规范化建设方面普遍较为落后，老板在面试时，如果把公司过分夸大，员工心里有了高预期，就会产生很大的心理落差。

2. 老板的自我吹捧

老板在面试时的自我美化，会让员工对新老板充满高期望值。但是在实际工作中，很多老板的涵养、行为举止、工作作风、专业能力和个人诚信乃至谈吐都不是那么稳定。员工入职后，与老板打交道的机会多了，自然对老板有了全面了解的机会，再来对比老板在面试时的那番自我包装，对老板的好感就没有了。

3. 老板很看好自己

很多人都希望得到别人的另眼相待，老板在面试时说看好员工，往往能契合员工心中的自我认定。可是，在入职之后，员工往往会发现老板并没有把自己当成特殊人才看待，无论是待遇，还是岗位安排都很一般，从而会形成一种上当受骗的感觉。

总而言之，老板在面试新员工时，一定要谨慎对待。员工在面试时，是最相信老板的时候，老板的刻意包装会拔高员工对公司、对老板乃至对个人发展的期望值。在员工实际入职后，发现实际情况并没有老板说得那么好时，就会产生落差，这个落差会打击员工的工作热情，甚至会让员工产生入错行、找错老板的感觉。

招聘中的证明人制度

当前，很多小公司的人员招聘工作，还处于现招现用的阶段。由于招聘之后就直接使用，中间缺乏全面了解和磨合的过渡期，公司对求职者真实情况的了解程度有限。员工提交的一些资料也可能存在失真的现象。员工实际的工作能力，与同事的相处和配合状况也都是未知数，甚至还会出现突发性离职，从而给公司带来一定的风险。针对这些情况，笔者建议公司可以实施证明人制度。

所谓证明人制度，就是在求职者来面试时，就自身状况的表述以及相关工作背景，提供证明人。此证明人不需要承担相关连带责任，只作为相关情况的证明人和联系人。

具体的操作办法：

1. 第一次联系证明人

在求职者前来面试填写求职登记表时，要求填写上一公司的相关证明人和联系信息（要求每家公司至少写两个证明人）。在求职者提交登记表格后进行面试时，人事部门要另外安排工作人员与证明人联系，了解相关情况，然后将相关的情况简要汇总，递交到面试人员的手中。之所以在求职者提交表格后马上就与证明人联系，是避免求职者与证明人事先打招呼，以出现虚伪信息。

2. 第二次联系证明人

公司联系证明人不是一次性的，不仅要在求职者首次面试时联系，在求职者试用期间，公司还要再次联系证明人。沟通内容有两方面，一是询问第一次没有询问的其他一些情况。二是对上次所沟通的内容，再次询问并与第一次的内容进行对比，若存在较大差异，则员工提供的信息很有可能是掺有水份的。

3. 证明人的书面证明

在求职者通过试用即将转正时，公司可以要求求职者请证明人对自己所说情况出具书面证明材料。这样做看起来有些麻烦，但从安全角度出发还是有必要的。

这样做的目的有以下几个方面：

(1)面对陌生的新员工，需要有证明人来证明该员工的真实情况，增强新员工对公司的安全感。

（2）能否快速找到证明人，或者是否有人愿意成为新员工的证明人，很大程度上说明了该员工在上一个公司的实际工作状况以及人际相处状况。

（3）证明人的作用，一是新员工入职时证明其前期工作情况，二是联系人的持续存在，也可以在一定程度上制约员工。

先招聘老板的助理

小公司缺人是一个普遍的现象，这个问题的解决，得要参考三个方面的因素：一是当前急需的人员类型，虽然公司多个岗位都缺人，不过补充员工的工作也要分轻重缓急，哪些岗位是最缺的，得优先解决；二是比较容易招到的是哪些人员；三是招进来之后能够马上用得上，很快就能看到效果的。

在缺人招人这个问题上，笔者建议先招聘老板的助理，也就是总经理助理的岗位招聘。这主要是出于以下几点考虑。

1. 要先解决老板的个人管理问题

老板每天都很忙，但仔细分析一下就会发现，老板每天所处理的工作事务中，有很多都属于价值性很低的杂务类工作。例如，跟进员工在某项工作的进度，检查员工的工作收益，亲自收集相关的行业或是市场信息，重复提醒某位员工对某件事务的处理等。这些价值不大的事务往往能占据老板一半以上的工作时间，甚至挤占了老板用来思考公司发展、规划目标、检讨分析失误等的时间。总而言之，老板该干的事情没有抓，不该干的事情却天天抓。

老板之所以会出现把大量时间、精力用于这些杂务的处理上，原因是老板自己缺乏一个自我管理体系，对自己的时间精力分配没有规划。要么是杂事抓得太多，要么是一些不该老板抓的事情也亲力亲为。若是老板有个助理，就可以将这些杂务性工作事务交给助理，把老板从这些繁杂的低价值工作中解脱出来。

另外，助理还能帮助老板安排日程，随时记录老板所交代的事务，代表老板出面做些简单的接待工作，或是在老板们会面时作为现场记录员等。

2. 容易招聘

助理的工作内容相对较为简单，对技术方面的要求较低，主要是一些记录、跟进、提醒、统计类的工作。招聘起来也较为容易，例如一些大学毕业生或是部队退役的警卫人员都较为适合此类工作。同时，因为工作内容简单，人事成本也不会很高。

3. 容易使用

助理的工作性质简单，容易识别，加之在工作上完全是听从老板的直接领导，与其他员工之间不存在行政关系，也就不会影响其他员工的利益，入职以后不会破坏当前员工之间的利益平衡。这样就使得总经理助理与其他员工之间出现纠纷冲突的可能性较小，并且他们在进行内部协调性工作时也方便很多。

4. 延伸使用

除了以上的工作，对助理延伸使用的空间也很大，至少有三处：一是顶替其他岗位的员工。出于工作的需要，助理必须熟悉公司的全部状况，包括业务经营状况、客户状况、管理状况、行业市场状况等，在有需要的时候，可以临时顶替某些岗位人员的工作，或者是直接被提拔任命到某个管理岗位上当中层干部，诸如业务经理、行政经理等。二是可以作为老板和内部员工的缓冲带，老板与外部机构或是客户的缓冲带，尽量不让老板来直接面对矛盾。三是在某些场合替代老板出面。老板一般都很忙，没有足够的时间、精力来面对每一件事、每一个人。有些时候，助理可以替代老板出面，也能起到一定的效果，例如替代老板与员工一起拜访客户，替代老板接待上门来宾，替代老板进行初步的人事招聘工作等。

5. 使用成本

有些老板会认为专门请个助理要花费人员成本，认为没有这个必要，其实，助理的人员成本是最合算的。因为老板自己的时间也是人员成本，并且是公司最大的人员成本。这么高的人员成本去做一些琐碎的、低价值的事情显然是不合算的，而让助理来替代自己做这些事情，成本则要低多了。把老板解放出来，去做一些更高价值回报的事情。

6. 与老板思维高度碰撞

老板的助理需要每天与老板在一起，受老板的影响，其视角相对普通员工来说较高，且有一定的全局观。因为不需要扛具体的工作指标，不需要沉浸在具体的事务里，所以看待问题的格局会更大一些，与老板之间也有更多的对等碰撞；在思想层面也会有更大的贡献价值。

员工在面试通过后不来上班的主要原因

很多时候，公司在面试时双方都挺满意，但事后求职者却不来公司上班，理由也有很多，诸如待遇有问题或是工作方式存在偏差等。若这种情况占比达一半以上时，作为公司的人事招聘部门，就要认真反思一下自己的招聘方式是否存在一些问题了。一般来说，常见的原因有以下几种，人事招聘部门可以参考并做一些对照分析。

1. 薪酬与区域的行情存在一定的偏差

这里先明确一点，给岗位多少薪水，不是公司单方面能决定的，而是要看本地的薪酬行情。即便这个岗位的人员价值不值这么多钱，但如果当地的行情如此也要参照。

公司可以通过当地人力资源与社会保障局官网、一些招聘网站薪资专栏、当地大型人才中介机构等渠道进行薪酬行情信息的收集，然后再来核定本公司的薪酬标准。同时，公司在招聘时，也可以将此薪酬行情表公布给求职者，防止求职者在计算薪酬待遇时就高不就低。

同时，待遇也不仅仅是工资收入，还应该包括休息日设置等方面，这也要参考当地大多数公司的设置情况，若本公司有更高要求，应有对应的内容设置。

2. 职业技术

公司招聘某个岗位的员工，要有对应的职业技术要求，并且这个职业技术的具体组成，也要清晰地展现给求职者。诸如职业技术涉及的各类基础知识和专业技术类别名称，技术等级、学习方式、考核方式、对应证书、实操经历、相关业绩成果等。若是公司只是简单提几点要求，很容易让求职者认为，这个公司对职业技术的标准很低或是很模糊，进而认为自己的能力标准很高，最终导致双方在待遇问题上谈不拢。

其实这个问题的解决方法也很简单，就是把招聘岗位的职业技术情况进行量化，用表格清晰地呈现出来，各类技术类别及对应标准都要列清楚。

3. 薪酬之外的利益

员工到公司上班，有工资有津贴有奖金，这都是常规的待遇设置，员工去哪家公司上班都是有的，无非是高低的问题。

若公司仅仅只是同质化的待遇模式，对员工的吸引力也是有限的。那么，在常规的薪酬设置之外，还会有哪些给予员工的利益呢？例如有些公司有明确的上市规划，跟随公司上市有原始股份；在公司工作期间，能接触大量的社会资源，对自己今后的创业和社会关系积累大有裨益；或是能学习到某个含金量很高的专业技术等。

4. 员工对公司的调查

公司在录用员工时会对员工做背景调查；相应地，求职者对公司也会做一些背景调查。若是公司有一些负面信息被员工查出来，估计也是不敢到公司来上班的。

5. 现场环境

公司的工作环境，包括所处的位置、办公室的面积、装修水平、办公用具设备档次、现场氛围等，这些也会直接影响求职者对公司的兴趣水平。

6. 面试官的态度和个人魅力

找工作是双向选择，可是有时一些面试官会把自己拔得太高，用一副居高临下的态度面对求职者，沟通中带着一副审问的语气，这些也会影响求职者的选择。

再有，对求职者来说，面试官代表的是一个公司。面试官的个人形象、亲和力、专业水平、气量格局、谈吐风格等个人魅力，也会影响求职者。

7. 入职后的发展阶段设置

作为求职者，入职之后自然希望有发展，如何发展，还得看公司对员工的规划。这就涉及公司对员工入职以后的安排了，例如，试用期多长，员工转正后在公司的发展有哪些阶段划分，每个阶段的提升节点是什么，个人晋升的达标点有什么，等等。若是公司能把这些内容都列清楚，说明公司在人事管理上很有序；若是没有这些规划设置，只是简单要求员工入职后认真工作，那就说明公司的人事管理体系是简陋的，没有把员工的发展问题放在心上。

当然，求职者面试通过后又不来上班的原因一定不止以上几点，作为人事招聘部门的负责人，可以对照分析并作出相应改进。

换个角度看待其他行业的员工

高效的员工招聘背后关联着员工的高效使用。多数老板都想招到可以迅速上手的，最好是本行业的熟手，但是，完美的“成品”是很难招到的，即便有符合条件的同行熟手，要求的待遇也会很高。某种意义来说，公司招来的员工都是“半成品”，都是需要改造的；而改造就存在一个改造成本。但若是老板的眼光不局限在本行业，而是扩展到其他行业，也许能发掘出来不少改造成本不高的“半成品”。

在其他行业中，有些工作岗位的员工身上具备的一些职业特性是存在跨行业通用性的，或者其他行业员工身上所具备的某种优势，恰恰是本行业所急需的；同时，这些人恰恰也在试图进行跨行业发展。总而言之，老板不一定非要把招聘的眼光局限在本行业的人员身上，完全可以放开到所有的行业之中，寻找自己需要的人才。以下是笔者列举的两种跨行业员工的使用案例，以供参考。老板可以从中举一反三，找出更多的招聘对象出来。

1. 药店里的营业员

无论多么小的县城，都会存在药店。药店里必然有营业人员，营业人员身上所具备的某些特性，在其他行业就是优势所在。下面，笔者将药店营业人员身上所具备的特征进行逐一阐述。

（1）学历水平相对高一些。卖药不是什么人员都能做到的，需要具备一定的文化水平和专业技术，所以药店的营业人员教育水平相对较高，至少比普通业务人员的平均受教育水平要高出一些。

（2）语言沟通能力。销售工作有一个基本的要求就是，要针对客户的需求展开销售工作，一些普通业务人员也许知道这个道理，但在实际工作中，往往只是进行单方面的推介与销售，对对方的需求考虑较少。但在药店卖药，营业人员必须要先明确对方的需求，再进行销售。在明确客人需求这方面，药店营业人员的意识要强很多。

（3）自我管理。做销售工作，首先要把自己销售给客户，只有对方接受销售人员，才有可能顺畅地与之进行业务往来。这样做有个基本的前提，就是销售人员的自我管理。自我管理的起步就是自我整理，相较于普通的业务人员，药店里非常讲究这点，无论是营业人员自身的仪表还是店面现场的整洁都做得不错。

（4）公司里的产品种类繁多，一些业务人员常常记不清楚产品特性和价格，但药店里的产品更多，这种工作环境锻炼或是强化了营业人员对产品分类及相关情况的熟悉了解。

（5）在药店工作几年的营业人员，长期的工作环境和经验，让他们掌握不少医学知识，对一些简单的体表病症也具备一定的识别和分析能力。这个技术在其他行业业务工作中也能派上用场，比如，在与客户沟通工作中，发挥自己所掌握的医学知识，与客户谈一些关于健康和合理用药的题外话，也能从另外一个角度提升客户对业务人员的兴趣。

2. 酒店里的大堂服务员

各地的高级酒店服务员也是不错的业务人员人选。当然，不是所有的酒店服务人员都能跑业务，适合业务工作，这里所讲的主要是在酒店大堂工作的各类服务员，例如行李员、大堂的服务员、前台的服务员、门童等，之所以说他们适合业务工作，是因为他们身上具备以下这些特性。

（1）服务意识。公司之间的竞争，不再是简单的产品价格或是品牌的竞争，而是服务。越来越多的公司训练员工要具备服务意识，但是很多时候，服务意识的建立需要足够长的强化训练。一般来说，没有三五年的功夫，很难做到。对于一般的私营企业而言，做到这点成本太高。而酒店里的服务人员，在这方面却有着无可比拟的优势，首先，酒店行业本身就是以服务为核心的行业；其二，高级酒店的服务人员大多毕业于旅游职业学院，有很好的服务意识。酒店员工的服务意识，是融入员工思想意识里的，释放和发挥出来也是很自然的。

（2）仪容仪表与谈吐。在高级酒店大堂的服务人员，无论是长相、容貌、身材、气质，还是穿着打扮，都会让人眼前一亮。这点是普通业务人员难以企及的。

（3）不怯场。相对于一些普通业务人员，一些高级酒店出来的大堂服务员在面临一些高级谈判时，或是面对一些高级客户时，例如在卖场里与采购谈判或是直接面对大老板时，一般不会怯场。因为他们平时面对的场面一般都是气场比较大的情况，胆略过人。

（4）有足够的上进心。在高级酒店工作的大堂服务人员，面对的客户很多都是成功人士，这往往能激发一个人的进取心。

以上只是简单举了两个工种的案例，从中分析我们不难看出，这两类员工身上所具备的职业特性，完全可以在其他行业有所发展，并且对公司当前的业务工作岗位有着非常多的补充性和提升空间。读者可以此为参考，发现更多的跨行业员工招聘途径。

退役军人，私营企业的招聘拓展新方向

部队是个大熔炉，年轻人在经过部队的锤炼后，从身体素质到思想意识方面都会得到提升，尤其是军人身上所具备的特有品质，坚强、不畏艰险、战斗精神等，也同样适合当今日趋激烈的商业领域。所以，退役军人也可以作为公司员工招聘的一个对象。

从招聘的角度来说，退役军人具备以下几点优势。

(1)身体素质。

身体素质往往是员工最基本的一个素质，良好的身体素质不但可以轻松

应对日常工作中的劳动量，还可以大幅提升工作效率。

(2)特有的优秀品质。

就如上文所说，退伍军人经过部队的锤炼后，一般都具有不怕吃苦、坚毅的优秀品质。

(3)被管理。

军人是极其重视组织性和纪律性的，在部队里，军人充分接受组织化管理和严格执行的纪律要求，会改掉自由散漫，做事随意的习气，这对于进入公司，在接受公司化管理和遵章守纪方面，提前做好了准备。

(4)人员资源。

同一地区的士兵，在部队服役期间，互相之间的关系和联系较为紧密，回到地方之后，这种战友关系往往保留得较好。若是所招聘的某位退役军人在公司的工作适应情况良好，则可以通过其战友关系，增加此类型退役军人的招聘数量。

以上这几点是退役军人基本情况。工作有岗位之分，退役军人也有兵种的区别。不同的兵种所接受过的专业训练各不相同，掌握的技能和从事的工作也不一样。公司可以结合自己公司常见岗位分工情况，来选择不同兵种的退役军人。以下列明几个兵种与常见岗位的匹配结合情况，以供参考。

(1)部队的库管员与公司的仓库管理员。

这里所说的部队库管员一般是指在部队管理大型军火库的人员。大型军火库位置一般较为偏远，环境封闭。长期工作在这种环境中，非常锻炼人的沉稳性格和耐心。公司里管理仓库的人员，长期工作在单一的环境中，要求能够耐住寂寞，待得住，这刚好符合部队库管员的一些特征。同时，部队军火库的管理工作，要求库管员有非常高的专业技术能力和责任心，尤其是严格对单发货的责任心，这恰恰是公司所需要的。

(2)部队装甲车的驾驶员与公司的送货车司机。

在部队开普通军车的司机，并不一定适合在公司开货车，因为很多思维方式不一样，但装甲车驾驶员却非常适合。装甲车辆的行驶环境恶劣，对驾驶员的驾驶技术要求非常高，军用装甲车辆的内部驾驶室，噪音大、震动颠簸大、操作耗力，这导致许多装甲车驾驶员在退役后驾驶普通车辆时，非常得心应手。最后还有很关键的一点，公司有很多驾驶员只会开车不会修车，平常对车辆也没有保养意识。而部队驾驶员这方面做得很好，他们具备良好的车辆保养意识，并掌握一定的车辆维修技术，能有效地提升车辆使用效率，降低车辆使用成本。

(3)空降兵与私营企业的理货员、安装工等职务。

空降兵属于一线作战部队，也是全训部队。这类部队的驻扎地一般较为偏僻，且服役期较长。长期处于封闭的环境下，使得退役的空降兵在回到地方后喜欢四处走动。这正好对应需要经常四处走动的理货或安装类工作岗位。同时，空降兵还有个特点，就是对随行装备的检查特别认真。这个检查习惯，会使得他们在从事理货和安装的工作时，在出门前清点好物品工具单据，工作时严格按规定作业流程，并注意现场环境的清理和整洁等。

每类兵种都有受过特定的训练，掌握了特定的技术，拥有某类特定的工作习惯。以上只是简单介绍了几个兵种，读者可以以此来研究更多的兵种分类状况，结合自己公司的工作岗位需求，寻找合适的退役士兵。具体的招聘平台，可以直接联系当地的退役军人事务局。

退役军官入职的职务安排

对于中型以上的公司来说，当前最缺的岗位可能就是中高级管理者。

由于缺乏早期规划，很多中小公司没有进行早期中层干部培养，在公司规模做大需要中层干部时，才发现当前员工队伍里很难提拔出合适的人。而公司急着用人，只能在外部进行招聘。

在各种招聘对象中，军队退役的军官（尤其是选择自主择业的军官）是个不错的选择，因为：

(1)军人有很多优秀的品格；

(2)接受过严格的系统化训练，基本素质较好；

(3)军队的管理较为全面和严格，使之具备清晰的管理和被管理概念；

(4)军队是最讲究执行力的，军人的执行力很强；

(5)军官在部队里也是要管人的，人事管理经验应该比较丰富；

(6)军令如山，军官对压力的承受能力一般比较强，相比之下，公司没有那么大的压力，接受起来不会太难；

(7)经过部队的锤炼,不会怯场;

(8)管理人手有一套;

(9)身体素质好,能吃苦耐劳;

(10)思想相对成熟,正处于人生最好的年龄阶段。

……

总体来说,无论是管理意识还是管理能力,退役军官都是不错的中层干部人选。但是一些公司最缺的是业务类中层干部,于是有些老板就直接招聘退役军官,并将其安排在业务管理上,做业务经理甚至销售副总。

这种安排实际上却不匹配的,因为:

(1)退役军官对商业的理解不够深入,需要有一个学习的过程;

(2)公司员工没有建立对其的个人认可;

(3)管理和沟通风格过硬,缺乏策略和柔性措施;

(4)基于以前军队的管理经历,提出的管理标准过高,执行力要求过强;

(5)私营企业当前的管理体系大多较为零散,还没有建立起完整的管理体系,对高标准的兼容度较差等。

客观来说,退役军官具备非常好的基本素质和管理经验,但考虑可能会出现的不兼容问题,在其刚进入公司时,不建议直接将其安排在业务管理岗位,可以考虑将其先安排在办公室内务管理和仓库这两个岗位,这是因为:

(1)退役军官刚来,需要有一个学习的过程,放在后台部门较为合适;

(2)需要时间让公司员工建立对退役军官的个人认可;

(3)即便最终的安排岗位是业务管理类,也要循序渐进,逐步推进;

(4)仓库的管理工作,严谨性要求高,不能出错,符合军队的管理风格;

(5)在仓库管理中,还涉及现场管理(避免脏乱差)、货物分类分级、退货及时分拣归位、货物日期管理、货物防护、仓库防火防盗、到发货的计划性等环节，与军队的管理特征较为接近；

(6)在办公室管理中，主要是现场管理、文件物品分类定位、加贴说明、现场整洁、环境修复、杂物清理、每日的清洁维护等。

同时，办公室管理还涉及对员工的服务支持类工作，例如就餐、饮水、私人物品存放等服务工作，这点与军队的现场管理和基本后勤保障较为接近。对员工的服务支持类工作，将很好地提升员工对退役军官的个人认可度。

另外，还可以将其工作，从仓库管理和办公室管理延伸到大客户管理或是团购类工作上。这类销售工作一般只与客户的管理层接触，这时退役军官的优势可以发挥出来，有气场、不怯场、单独沟通能力强。在个人关系维护方面，军人有一定的独特性，且还能利用退役军官的原有资源。

可以让其从大客户管理这个岗位全面学习和掌握业务知识，后期再将其调任到业务管理岗位。这样的推进次序较为稳妥。

引进“空降兵”之前的基本分析

老板的精力有限，所懂得的知识也较为有限。随着公司业务量的扩大以及公司对新领域的不断拓展，对人力资源方面又提出新的要求，尤其缺管理人员和具备一定专业技术型的高级职员。若是公司在现有员工里没有适合的人选，那么也只能在外部招聘。许多老板把这种从外部挖进来的高级职员叫做“空降兵”。

挖人容易用人难，许多老板都遭遇过“空降兵”在工作中出现种种问题的情况。这些“空降兵”多为职务高能力大的人员。公司若是运用得好，发挥的作用很大；但反过来若是用不好，负面影响力也很大。所以，在引进方面，要格外重视，尤其在以下这几个方面，要提前进行理性分析。

(1)人员需求应与公司的发展战略相结合。

公司只有在不断向前发展中才会产生对人员的新需求。如果老板对公司的未来几年发展能有个较为清晰的规划与部署，那么就能直观看出在未来的发展中有哪些岗位存在人员需求，以及人员的具体需求特性是哪些。

提前预知人员需求，能及早做出相关的安排，避免出现岗位等人的状况，有效提升公司内部的运转效率，这也就是许多公司人力资源部门每年都要做人力资源需求表的原因。

(2)候选人员的考察期。

与一般的基层业务/工作人员不同的是，高级职员或是专业型职员在外部招聘及使用方面切忌急招急用。因为如果没有摸清楚这些人员的真实状况就直接引进，很有可能会在后期给老板的工作带来不少隐患。所以，老板应提前明白自己的人力资源需求，早做准备。可以在自己熟悉的圈子内或是通过关系引荐的方式，尽可能多地接触条件基本适合的人选，保持冷静观察其在现有工作岗位上真实的状态和表现，获得真实的第一手信息，为今后的人员商洽及录用问题打好基础。

(3)提供系统支持状况。

老板引进的“空降兵”多为一些知名大型公司的高级职员。这些知名公司与自己公司在员工的配合保障系统上有很大的不同。例如，在一个知名大型公司销售总监的身后，有市场部门为其提供市场分析资料和活动设计方案；有财务部门为其管理客户往来账务；有物流部门为其安排仓储及送货问题；有人事部门为其考虑个人职业生涯的发展规划，组织安排相关的学习与培训，办理各类个人社会保障手续等。而在一些中小公司内部，一是没有这么多部门设立，二是即便设立了这些部门，在具体功能发挥上也远不能与大公司相比。因此从这些大公司“空降”到中小公司的员工，往往要花费不少精力和时间，来适应这种内部系统不健全的状态，其中也不乏一些人因适应不了公司内部系统效率低下的因素而离职。

为了避免这种情况发生，老板可以预先给候选人提供一份公司内部各系统的功能现状及存在问题的文件，提前告诉候选人，让他们知道相关的情况，并与目前在职公司进行对比，分析出差距。明确自己是否能适应或者是能一定程度上改变这些差距，以免带来一些不必要的麻烦。其实，预先说明只是很简单的工作，却可以省了后期的很多麻烦。

(4)至少提前半年与“空降兵”达成初步意向。

老板在看中某位候选人后，应提前半年与之进行初步的意向商洽。老板表明意图，听取候选人的意见，双方也有足够的时间来互相考察。老板之所以引进“空降兵”，还有一点是看中他们在目前各自岗位上的资源。这个资源包括对行业动态趋势的了解、信息的来源、管理等资料、相关行业资料及新项目资料等资源，但是这些资源在“空降兵”离开原公司之后就很难再获得了，即便能通过其他渠道获得，成本也比较高或者及时性很难保证。如果老板提前与

“空降兵”达成初步的跳槽意向，那么也方便他们提早进行相关资料的收集整理工作。

(5)与老板公司里的亲友提前见面，避免后期工作中出现障碍。

目前很多公司都是家族制的高层管理团队，老板在引进空降兵时，多是个人与他们之间进行交流与沟通，很少有介绍家族成员与候选人见面的，这导致一些“空降兵”进入公司后，与老板谈得来，但与老板的家族成员却产生一些摩擦和矛盾。为避免这种情况出现，老板应提前安排“空降兵”与相关的家族成员见面，加深了解与沟通，确保今后双方合作的顺利。

(6)避免“空降兵”对公司造成伤害。

古语道：请神容易送神难。老板请过来的“空降兵”若是正常发挥自己的作用，会促进公司的发展；相反，如果他们对公司不满，故意不作为或者损害公司利益，其危害也很大。老板们在决定引进“空降兵”之前就得想好如何避免或者解决这种问题。

(7)特有职务技能的迅速分解，使之可复制化。

“空降兵”到位以后，公司相关的工作能得到一定程度的解决或是缓解，老板也能放下担子松口气，这会让老板对“空降兵”产生一些依赖思想。但是若出现“空降兵”突然离职的情况，短时间内公司就会陷入困境。为了从根本上解决这个问题，在“空降兵”开始上任后，老板就得设法将“空降兵”所掌握的技能与公司目前的营业系统相配合。在“空降兵”到任初期，应重点把“空降兵”的工作重心放在对现有人员的培训上，逐渐把“空降兵”所拥有的技能和科学管理方式进行分解和复制，让更多的员工来掌握。这样既有效提升了现有员工的工作技能，同时也能有效预防因“空降兵”突然离职而带来的被动局面。

(8)外请顾问协助。

老板所聘请过来的“空降兵”大多具备一定的专业技能，因为有较高的能力，一些“空降兵”不可避免产生一些自负的心理，不利于公司内部的安定团结。为了避免这种状况，老板可以考虑从外部聘请一些专业方面的顾问。如果运用得当，对“空降兵”也能起个牵制的作用。当然，考虑到“空降兵”的情绪，在他们没有正式来公司前，就得先行介绍各位顾问与“空降兵”认识，以避免不必要的麻烦。

从外部引进高级职员，是一种眼光，更是一种气魄，这对老板的管理水平和全局调控能力有了更高的要求。由于自己的公司与大型企业还存在不少差异，在“空降兵”的引进与使用问题上要进行更为精心的准备和策划，确保“空降兵”的安全平稳引进和功能发挥。

第四章

新员工的入职

老员工的疲态与新员工的入职

在很多公司里，人员管理一直是一个问题，要么是缺人，要么是现有的员工效率不高。很多老员工虽然熟悉情况，但执行力差，工作态度消极；而新员工又不了解情况，上手速度慢。整体上就是一个青黄不接。

怎么办？先思考，再行动。老板要先在观念上想明白，确定方向，然后再导入相关的管理措施，进行调整。

在观念上需要明确的几点：

(1)公司人事管理问题的根本，不是在员工身上而是在老板身上。

(2)不是所有的员工都能跟上公司的发展，淘汰部分员工是必然的。

(3)有问题的员工，在初期公司可以尝试改造，若是改造成本太高，则要考虑换血。

(4)假定所有的员工随时都会离职，所以员工不能独立掌握某些资源和技术。

(5)员工不是老板,个人承载能力是有限的,不能试图给员工压太多事情,也不要试图把员工打造成全能型员工。

(6)员工工作效率低,有可能是故意磨洋工,也有可能是因为缺乏对应的职业技术。

在管理方面,老板可以考虑导入以下几点调整措施,来应对老员工疲态和新员工没有经验的困局。

(1)老板先要主动做出一些姿态,例如主动自我检讨,对老板自身信誉进行主动修补;对办公室现场环境进行改善,尤其注意在员工生活层面进行改善和增补。

(2)对当前员工工作进行量化,明确每个员工的实际工作类别和负荷承载量。

(3)将部分工作进行分切,转由后台部门来承担。例如,对客户资料的管理,对客户信息的传递工作,一般性的客情往来,单据复核,客户投诉的接待和处理跟进等。后台部门所承接的这些工作,在一定程度上给业务人员减轻了工作量,同时也方便新员工上手,缩短对新员工的培训时间。

(4)工作过程要全部量化和全部透明化。在办公室设置超大的进度看板,分设项目和时间两个维度,将各类工作的推进,各个员工的分工和执行情况,全部上板,让所有人能一目了然,进一步压缩员工磨洋工偷懒的空间。

(5)不要指望每个员工都有足够高的理解能力和执行力;而要通过表单模板示范,通俗化的讲解说明,实物执行工具,内勤人员的提醒等管理措施来监督和管理员工,避免员工因为理解能力的差异,而对工作指令的理解产生偏差或是误解。运用执行工具和内勤人员的提醒,尽量让员工轻松化执行。

（6）强制内训，让所有员工上台。无论是老员工还是新员工，都要上台演讲，有经验的讲经验，没有经验的讲教训。这样做的目的是尽量将老员工的经验和技术呈现出来，避免老员工自我感觉良好。另外，对于新员工来说，这也是最直接的学习机会，新员工自己上台，也能让自己更加自信，缩小自己与老员工之间的距离。

新员工入职三部曲

新员工入职，公司要安排一个试用期。在老板看来，这个试用期是对新员工的一个全面观察和磨合；若是试用期没有问题，再将其转成正式员工。

客观来看，试用期就是新员工的转型期，他们利用这个时间段，来全面熟悉新公司、新岗位以及新的工作标准，学习相关职业技术，融入新公司的员工团队，感知新公司的管理风格，为全面进入正式工作状态打好一个基础。这个试用期是双向的，老板在试用新员工，新员工也在观察新老板、新同事、新环境、新工作。

理论上，新员工只要在试用期没有出现问题，基本上就能转正，但是，实际情况却不是这么简单，有几点问题经常出现：

(1)有些新员工在试用期就直接提出离职；

(2)有些新员工在试用期表现较好，但转正之后表现反而会下降；

(3)有些员工在试用期表现一般，学习状况也一般，要不要转正，老板有点为难。

……

以上几点问题的背后究竟是什么原因呢？

(1)新员工一旦入职，基本就会固定在一个工作岗位。一般来说，一个工作岗位进入新人，多少会打破原有员工利益平衡关系，可能会出现老员工欺负新员工的情况，这将直接导致新员工在试用期提出离职。

(2)老板认为员工虽然是试用期，但属于正式上班状态，会在试用期给员工分配工作业绩指标。对于还没有完全熟悉工作情况和掌握职业技术学习的新员工来说，这会让新员工产生较大的压力，也会促使一些新员工提出离职。

(3)有些员工认为，只要试用期不出什么大批漏，转正应该问题不大，从而对工作、学习不是很上心，认为以后有的是时间。当员工产生安全稳定感的时候，也就失去了持续学习的动力。

针对以上情况，笔者建议公司把新员工的入职划分为“三部曲”，在试用期前面加上一个自由磨合期。即自由磨合期、试用期以及转正期。所谓自由磨合期，就是在新员工通过面试后，不直接安排其进入试用期，也不建立正式雇佣关系。具体的安排是：

(1)新员工不办理入职手续，只签署临时性的劳务合同；

(2)新员工可以保留原单位工作关系，并不强求员工要办好原单位的离职手续；

(3)在这段时间内，新员工可以自由选择上班的日期，可以连续上班，也可以工作几天休息几天；

(4)按照实际上班的天数，给新员工发工资(月结)；

(5)按天结算的工资，可以设定一个固定标准，不涉及考核及浮动部分；

(6)安排的工作可以涉及多个岗位；

(7)以熟悉情况、学习技术为主，原则上不安排具体的业绩达成指标；

(8)自由磨合期的时间跨度可控制在三个月以内；

(9)实际工作日，至少得要在20天以上；

(10)新员工需要保持每个工作日的完整，可以不来上班，但来了就要一个完整的工作日，公司不接受每天只工作几个小时的状态；

(11)在自由磨合期内，新员工可以随时停止这种状态，直接结算退出；

(12)原则上新员工在自由磨合期内，不享受公司的各项福利待遇，至少明文规定如此，但老板可以酌情安排。

总而言之，就是将新员工入职流程从试用期＋转正期，改为自由磨合期＋试用期＋转正期。增加自由磨合期，也是出于以下这些方面的考虑。

(1)这种松散的工作关系，会让新员工产生更多的紧迫感，有助于提升新员工的学习积极性。

(2)不安排新员工具体的工作指标，更多只让其熟悉工作情况，学习相关的职业技术，让新员工有个循序渐进的缓冲过程。这样比一开始就分配工作任务更加科学合理。

(3)在这种自由状态的前提下，更能看出员工的自律性。

(4)因为新员工还没有确定来公司，加之都是临时岗位安排，不参与业绩考核分享，对现有员工不产生实质上的利益影响，会大大减少老员工对新员工的排挤，有助于新员工顺利融入队伍。

(5)不强求新员工从当前单位离职，不断掉新员工的退路，这也是对新员工的负责。

(6)即便双方确定不合适，要从这种自由状态中结束关系，对公司现有员工的影响也较小。

员工管理是公司管理中最复杂也最敏感的部分，需要谨慎地操作，新员工入职“三部曲”正是基于这样的考虑。

新员工《入职手册》的设计

公司有必要制定一份《入职手册》，并在新员工入职时发放。

1.《入职手册》的使用事项

公司使用《入职手册》时，可以注意以下几个方面。

(1)用于新员工在实习/试用阶段的相关工作指引。

(2)新员工在入职时领取。

(3)实习期结束试用转正后，或是离职时，员工需要将手册交回公司人事部门，作为记录新员工的完整试用期过程。

(4)此手册一式两份，新员工与带岗负责人各执一份，对照执行。

2. 为什么要为新员工安排试用期

新员工在入职期，其职业技术能力、个人观点、执行力等与公司岗位设置要求之间，往往存在一定的差距。为此公司可以通过试用期的形式，让员工熟悉公司，了解工作情况，并尝试和公司、同事进行磨合。同时，在试用期内，也是公司对员工一个全面了解的过程，包括：

(1)新员工的真实工作能力。

(2)新员工的真实工作态度。

(3)新员工的性格、脾气。

(4)新员工的人际交往能力，即与当前团队的融合情况。

(5)新员工的行为习惯和思维习惯。

(6)新员工的可塑性，基于岗位要求，是否能接受改变等。

(7)新员工的再学习能力。

(8)可以调查新员工个人及家人是否有经营企业，尤其是经营范围与本公司相似的情况。

……

3. 公司为什么要提供岗位说明书

公司中每个岗位都有对应的岗位说明书，目的在于全面说明该岗位的相关情况，以便于员工的工作。

(1)说明该岗位的工作范围。

(2)量化相关的工作标准。

(3)设定该岗位所涉及的职业技术标准。

(4)说明该岗位的考核标准。

(5)说明该岗位有可能存在的变动及晋升空间。

(6)说明该岗位需要承担的责任和压力，以及需要面对的各类问题和困难。

4. 工作变动说明

无论新员工是在试用期，还是转正入职，公司对其工作安排都会存在变动的情况。所以公司需要提前向新员工说明，并请新员工签字认可。工作变动情况包含以下几点：

(1)工作范围的变动。

(2)岗位类别/级别的变动。

(3)工作地点的变动。

(4)考核模式的变动。

5.《入职手册》涉及的内容

新员工入职时，公司要对员工的基本信息及其他资料进行了解并采集，并且还要为员工提供公司的一些信息、资料并需要办理一些相关的手续等，包括岗位说明资料、工作考核方式、工作内容等。以下提供一些相关的表格资料，以供参考。

（1）新员工的基本信息

以下是新员工基本信息采集参考表格。

姓　　名	
入职时间	年　月　日
入职部门	
入职岗位	
入职行政级别	
员工编号	
新员工带岗负责人	

（2）入职岗位的简要说明

以下是新员工入职岗位的信息参考表格。

岗位性质	
本岗位基本工作范围	1.
	2.
	3.
	4.
上级管理者	
晋升职务	
平调职务	
轮岗职务	

（3）本岗位技术结构说明

以下是对新员工入职岗位所涉及的技术结构范例。

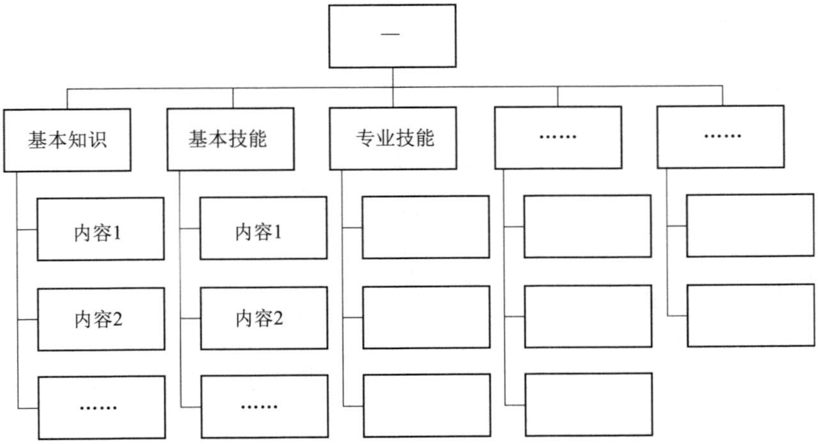

(4)说明本岗位需要具备的职业习惯

手册中要列明新员工岗位所需要具备的职业习惯,见下表。

习惯 1	内容说明
习惯 2	内容说明
习惯 3	内容说明
习惯 4	内容说明
……	内容说明

(5)本岗位的考核标尺

手册中需要列明岗位中需要的考核方式及内容,参看下表。

考核内容	考核性质	衡量标尺	占　　比

(6)新员工需自备的材料文件

手册中可能还需要新员工提供一些资料，参见下表。

项　目	相关标准	复印件数量	交予部门	确认完成时间
户口本及复印件	完整复印件	两套		年　月　日
身份证及复印件	正反面复印	两套		年　月　日
驾照原件及复印件	完整复印件	两套		年　月　日
专业技术证书原件及复印件	完整复印件	两套		年　月　日
最高学历学位证书原件及复印件	完整复印件	两套		年　月　日
个人标准证件照	两寸、免冠、白底、近期	六张		年　月　日
无犯罪记录证明	原件			年　月　日
体检证明	原件			年　月　日

(7)新员工需要自行办理的手续

新员工除了要填写一些相关资料，还需要在入职前自行办理一些手续，参见下表所示。

项　目	交付部门	实际完成时间
个人基本资料的填写		
组织关系转移		
前任公司的社保关系转移		年　月　日
本地医院，一个月以内的体检报告或健康证明		
前任公司清算完毕证明书(离职证明)		
前期任职情况证明书		
外地员工的暂住证/居住证		

(8)本公司需办理的手续

员工需要在本公司办理的一些手续,参见下表。

项　　目	负责部门	实际完成时间
录用通知单/入职审批单		年　月　日
员工正式档案的建立		年　月　日
劳动合同的签署		年　月　日
保密协议的签署		年　月　日
同业禁止协议的签署		年　月　日
工资卡开户或确认员工个人银行卡的信息		年　月　日
公司追加的商业保险		年　月　日
入职通告发布及欢迎仪式		年　月　日
事故记录单说明		年　月　日
面试记录(含笔试记录、测试项目记录)		年　月　日
住宿及膳食安排		年　月　日
着装要求说明		年　月　日
组织架构表更新		年　月　日
内部通信录更新		年　月　日

(9)相关政府机构之间的手续

除了以上一些手续,公司还需要为新员工办理的一些手续,可参见下表。

项　　目	办理部门	实际完成时间
医疗保险		年　月　日
养老保险		年　月　日
失业保险		年　月　日

续上表

项　　目	办理部门	实际完成时间
生育保险（女员工）		年　月　日
住房公积金		年　月　日
工伤保险		年　月　日
其他的一些保险		年　月　日

（10）工位安排

新员工入职后，公司要对其安排工位，并配备办公桌椅及其他办公物品等，可参见下表。

项　　目	位置			
办公桌	楼层：	区域：	编号：	款型：
椅子	款型：		编号	
文件柜				
公务物品柜				
私人物品柜				
告示板				
使用电脑				
其他				

（11）办公文具领取

以下是新员工办公文具领取参考样表。

名　　称	数　　量	名　　称	数　　量
书写笔		公司信封	
信笺		文件夹	

续上表

名　　称	数　　量	名　　称	数　　量
胶水		档案袋	
笔筒		名片册	
曲别针		打孔器	
图钉		物品盒	
长尾夹		文件框	
文件夹		鼠标垫	
订书机		便签本	
订书针		其他	

(12)办公设备领取

以下是新员工一些办公设备领取参考样表。

名　　称	用　　途	是否熟悉使用	数　　量	共用/专用
打印机				
复印机				
扫描仪				
照相机				
摄像机				
扫描仪				
碎纸机				
装订机				
发票打印机				
打卡考勤机				
其他				

(13)固定资产责任明确

新员工在新入职领取各类办公用具时，公司要明确与新员工有关联的各类固定资产设备。明确新员工为管理责任人。公司要对员工的固定资产制作标签并粘贴，并且行政部门在固定管理表格中进行信息更新等。

(14)生活设备及事务

以下是公司提供的生活设备表格，请新员工做一定的了解。

名　称	数　量	备　注
电热台板		
取暖器		
空气净化器		
空调遥控器		
微波炉		
冰箱		
饮水机		
水桶		
电视		
植物		
宿舍安排		
就餐卡办理		
其他		

(15)技术资料/图书领取

有些公司还会为新员工提供一些学习资料，新员工在领取时也要做一些信息的填写，参看下表。

名　　称	版本号	数　　量	借阅/配发	文件密级	领取部门	负责人
安全手册						
员工手册						
其他						

（16）报告本册领取

以下是各种报告本领取参考样表。

名　　称	版本号	数　　量	用　　途	备　　注
工作日志				
项目日志				
会议记录				
客户通信录				
培训护照				
学习记录本				
工作报告				
其他				

（17）各类标签领取

以下是各类标签领取参考样表。

名　　称	版本号	数　　量	用　　途	备　　注
个人名签				
文件标签本				
物品标签本				
固定资产标签				

续上表

名　　称	版本号	数　　量	用　　途	备　　注
个人管理标签				
电器设备电源签				
文件密级标签				
其他				

(18)时间管理

为便于新员工进行时间管理，一些公司还会为其提供时间管理的办公用品，参考下表。

名　　称	版本号	数　　量	用　　途	备　　注
个人日程本				
年度时间表				
月度时间表				
固定工作时间表				
项目管理时间表				
其他				

(19)业务工具领取

以下是新员工用于业务工作的工具领取表格。

名　　称	版本号	数　　量	用　　途	备　　注
谈判记录本				
录音笔				
公文包				
背包				

续上表

名　　称	版本号	数　　量	用　　途	备　　注
公务 U 盘				
专用手机				
笔记本电脑				
公务交通卡				
其他				

(20)客情礼品领取

以下是用于记录客情礼品领取单的表格,供参考。

名　　称	数　　量	用　　途	价　　值(元)
礼品 1			
礼品 2			
……			

(21)通信工具

以下是用来记录新员工各项通信工具的详单,以供参考。

名　　称	号码/账号	用　　途	备　　注
手机卡			
公务 QQ 号			
公务电子邮箱			
内部办公系统/OA 账号			
对讲机			
充电器			

续上表

名　称	号码/账号	用　途	备　注
对讲机频道			
公务微信账号			
耳塞			
其他			

(22)防护设备领取

以下是用于记录新员工防护设备的领取的表格，以供参考。

名　称	数　量	用　途	备　注
灭火器			
口罩			
头盔			
工作服			
专用清洗液			
防护眼镜			
其他			

(23)专业设备领取

以下是用于新员工专业设备领取的表格，以供参考。

名　称	数　量	用　途	价　值	备　注
设备 1				
设备 2				
……				

(24)车辆

新员工在使用车辆时，要进行登记，下面是车辆使用登记表，以供参考。

类别	车型	牌号	里程	上牌日期
车钥匙/遥控	行驶证	保险到期时间	年审到期时间	
相关车辆费用报销条款：				

(25)个人专用物品

新员工入职时，公司都会发放一些员工个人专用的物品，以下是员工个人专用物品使用表，以供参考。

名　　称	说　　明	型号/规格/数量	要求时间	完成时间
名片				
公司组织架构加注				
办公室门卡				
个人名签章刻制				
公司徽章/胸针				
工作证/胸卡				
公务结算信用卡办理				
就餐卡				
其他				

(26)标准照拍摄

公司可以和一些摄影机构建立长期的合作关系，为新入职的员工拍摄专业的工作照片，力求展现员工最美、最职业化的一面。

（27）熟悉工作情况

新员工在入职后要对工作环境进行熟悉，包括以下内容。

熟悉公司内部环境；熟悉内部团队；熟悉公司里的规章制度；熟悉相关的市场与行业；熟悉主要客户；熟悉基本工作流程等。

对公司内部环境和内部团队的熟悉包含以下一些内容，参见下表。

所需要熟悉的内容：
熟悉的方式：
对应的负责人：
要求完成时间： 年 月 日 实际完成时间： 年 月 日

熟悉公司的规章制度包含的内容，见下表。

规章制度的类别	要求熟悉程度	讲解负责人	要求完成时间	实际完成时间
类别 1			月 日	月 日
类别 2			月 日	月 日
……			月 日	月 日

熟悉行业与市场包含的内容，见下表。

所需要熟悉的内容：
熟悉的方式：
对应的负责人：
要求完成时间： 年 月 日 实际完成时间： 年 月 日

熟悉主要客户包含的内容，见下表。

客户名称	类别	熟悉方式	走访陪同人	要求完成时间	实际完成时间
客户 1					
客户 2					
……					

熟悉基本工作流程包括的内容，见下表。

工作流程名称	熟悉方式	负责人	要求完成时间	实际完成时间
流程 1				
流程 2				
……				

(28)专业培训安排

公司还需要对新员工进行专业的培训安排，可以参考下表记录。

课题名称	培训方式	考核方式	要求完成时间	实际完成时间
课题 1				
课题 2				
……				

(29)公司约定俗成的工作习惯

有些公司有一些特有的行为动作、习惯性做法等。虽然这些习惯没有上升到公司标准化制度层面，但是公司所有成员多年来约定俗成的。这时公司也要在《员工手册》中列出清单，一并告知新员工，避免新员工因为不了解情况而认为其他员工对自己有排外的情况。

(30)其他内容

以上是《员工手册》中所列的内容，公司可以根据自身的情况，有针对地删减。

新员工职业规划的建立

员工不会愿意一直重复当前的工作内容和收入水平，人总要往前走的，无论是职务、岗位，还是待遇，总要有所提升，而这个具体的提升方向和基本路径，就是职业规划。

1.职业规划的必要性

我们都知道，规划很重要，一项工作开始前都要提前明确方向、划分阶段、确定推进方案和时间轴线等，这样工作推进起来才能井然有序。现在有很多员工，没有规划的能力。所以，作为老板不能等待员工自己来做职业规划，要指派公司的人事部门来主导员工的职业规划工作。

员工通过职业发展规划，可以推出自己的人生发展方向。而公司的发展，不仅仅是老板一个人的事情，还需要员工的共同努力。帮助员工建立职业发展规划，在某种意义上也是把公司的发展目标分解给每一个员工。员工的未来，决定了公司的未来。

2. 职业规划包含的内容

一般来说员工的职业发展规划包括以下一些内容。

（1）入职取向。

所谓入职取向就是员工来公司上班，最看中公司提供的哪方面内容，是为了挣钱、学习、照顾家庭、还是为了消磨时间等。

（2）离职的主要原因。

员工离开公司的主要原因有哪些？是待遇问题、学不到东西、被老员工欺负还是工作中一直没有成就感等。公司可以将员工的离职原因看作员工的个人红线，如果被碰到，员工就会走人。

（3）职务发展目标。

即员工在职务方面的晋升规划，例如入职是业务员，一年后计划升为业务主管，两年后计划升为业务经理，三年后计划升为运营总监等。

（4）再学习目标。

与员工职务提升相对应的，是相关的职业技术学习，这个也需要在职业规划里列出来。例如今年学习产品和行业知识，明年是学习大客户管理和财务知识，后年学习团队人事管理和市场活动的设计等。同时，还涉及相对应的学习方式，是参加培训班、自学、独立研究课题，还是参观考察等。

（5）收入发展目标。

关于员工的收入发展目标，完全可以量化。如今年的收入目标是 10 万元，明年的收入目标是15万元，后年的收入目标是多少万元等。

（6）特定的工作事务处理能力。

这主要是指由个人独立完成的某项工作，或是独立解决的某个问题，员工通过这些工作或是问题的处理，全面提升个人的工作能力或是对问题的解决能力。

3.职业规划的制订与运用

（1）在新员工确定入职时，公司人事部门就要主动帮助员工制订职业发展规划。

（2）将员工职业规划内容要点，形成一个书面的表格文件，即《职业规划表》。

（3）人事部门要通过与员工的沟通和商讨，不断完善《职业规划表》。

（4）《职业规划表》一式两份，员工和公司人事部门各执一份。公司的一份放入员工的个人档案盒中。

（5）每半年人事部门需要和员工沟通一次，以《职业规划表》为基准，对照检查该员工半年以来的实际推进情况，对其中的偏差进行原因分析和修正方案确定。

总而言之，员工职业规划的制订，对公司来说执行成本较低，技术上也没有什么难度；对员工来说，意义非常大，公司帮助自己梳理好职业发展规划，对自己未来的发展指明了方向。

《员工手册》制订的参考模板

在新员工入职时，除了《入职手册》公司还应该配发给员工一本《员工手册》，全面介绍公司情况（尤其是管理体系）。

《员工手册》配发的目的是全面说明公司的相关情况，便于新员工快速熟悉相关的工作背景，熟悉基本的内部管理流程，以便尽快融入公司，进入工作状态。

《员工手册》没有通用版本，各公司可以根据自身情况制订，主要内容可以参考以下内容。

1. 前言

在《员工手册》的最前面，一般会用老板的名义写上欢迎致辞，作为前言，老板代表公司欢迎新员工。

2. 基本说明

《员工手册》是给所有员工配发的，是用于公司基本情况的介绍以及通用型的管理制度说明，是员工了解公司相关情况的基本方式。与《员工手册》对应的，是每个岗位具体工作范围说明的《岗位说明书》。

3. 设置意义

新员工进入公司工作，就必须要对相关情况有足够的了解，包括基本的知识、资信和基本的管理机制。老板和资深的老员工虽然知晓相关情况，但会因为精力和意愿等方面的原因，难以确保全面且及时地向新员工介绍说明。新员工就可以通过《员工手册》，全面且及时地了解公司相关情况；公司对当前存在的一些实际问题，也能通过《员工手册》提前向新员工客观说明，让新员工有个心理准备。

4. 内容分类

《员工手册》中的内容可以分为以下几类：

(1)资讯部分，是所有员工都应该知晓的基础知识。例如产品知识，无论是否为销售部门的员工都应该知晓。

(2)相关规章制度，适用所有的岗位，所用人都要遵守。

(3)各岗位之间的差异部分，会在新员工的《岗位说明书》中来体现。

5. 手册内容的组成

以下是手册内容的内容框架。

(1)资讯类

资讯类的内容包括以下方面：

①行业情况。

②产品涉及的专业知识。

③本地市场情况说明。

④公司的过去：创业及发展历史。

⑤公司的现在：市场地位、定位、运营。

⑥公司的明天：发展方向和分阶段目标。

⑦公司客户的情况。

⑧常见管理及运营问题等。

(2)规章制度类

规章制度类涉及以下方面：

①员工的招聘与转正。

②公司的考勤制度。

③员工的个人仪表。

④现场内务管理。

⑤员工个人行为举止。

⑥基本工作行为。

⑦基本思维模式。

⑧员工个人学习规划。

⑨员工个人发展规划。

⑩公司倡导的价值观。

⑪基本财务要求说明。

⑫相关法务说明。

⑬员工的基本生活设施说明。

⑭员工的建议和意见。

⑮紧急情况下的应急措施。

⑯员工的离职。

6. 公司的组织架构

员工手册中要添加公司当前的组织架构图，以方便新员工直观地看到公司的部门及岗位设置情况，同时也能通过自己当前所在位置，看到未来的提升空间。

以下就手册内容的组成进行进一步的描述。

7. 资讯类

(1)行业情况

针对公司所在行业的行业情况要进行概要说明，主要内容包括：

①行业涉及的基本内容。

②行业的起源和发展阶段。

③当前该行业的全国市场总容量。

③最近五年以来的消费总量及递增率。

⑤该行业国内及国际的发展趋势。

⑥本行业的代表企业有哪些。

⑦本行业专业用词的介绍等。

(2)产品涉及的专业知识

产品本身涉及的基础专业知识，包括以下内容：

①产品的专业特性带分布、价格带分布。例如：白酒分为清香、浓香、酱香等类型。

②主要原料及主流生产工艺情况介绍。

③包装形式的历史发展。

④产品功能的历史发展。

⑤相关国家标准、行业标准、企业标准等。

(3)本地市场情况说明

对公司所经营产品的市场情况进行概要说明，包括以下内容：

①城市及下属行政区域、总面积。

②人口数量、收入水平、目标消费者占比。

③当地目标消费者的消费特性。

④年度消费总量(理论值)。

⑤竞争对手的概要(排名及市场份额占比等)。

⑥淡旺季的特性说明。

⑦产品的特性及价格的实际分布情况等。

(4)公司的过去

手册中要向员工介绍本公司的创业和发展历史,即公司的昨天。主要内容包括:

①公司创立的时间。

②公司创立的背景。

③公司创立时的生意及上下游合作伙伴。

④公司创立人或创立团队的基本情况。

⑤公司发展历史中的重大转折点及取得的成就。

⑥公司所获得的荣誉等。

如果缺少这些正面的介绍,有可能会有一些老员工编造出一些公司的“野史”出来。

(5)公司的现在

公司和现在指公司当前的总体概要,内容主要包括以下方面:

①公司近三年的年度销售业绩(含递增率)。

②公司近三年的人员规模。

③公司当前的市场地位(排名)。

④公司当前的主要产品组合情况(各自占比)。

⑤公司当前的主要经营模式。

⑥公司当前所设定的市场定位。

⑦公司当前的主要竞争优势等。

(6)公司的明天

公司的明天是未来的发展目标，在这里最好要将未来的发展目标分阶段进行，主要包括：

①公司在未来新的市场定位。

②公司最终的市场地位目标。

③公司在未来分阶段的业绩目标(含递增率目标)。

④公司市场覆盖目标。

⑤公司在未来分阶段的员工规模目标。

⑥公司在未来分阶段的产品组合规划。

⑦公司在未来分阶段运营模式的设定等。

公司清晰的未来发展规划，彰显的是老板清晰的思路和能力，也能在一定程度上提升员工对公司的信心。

(7)公司客户的情况

公司的客户可以分为上游和下游两类，具体情况包括：

①公司当前的客户总数。

②公司各类客户的占比。

③公司各类客户中的优质客户占比。

④公司每年的客户新增情况。

⑤公司每年客户的流失情况。

⑥公司核心客户的简介。

⑦公司客户平均年度业绩贡献数据等。

(8)常见管理及运营问题

没有完美的公司,《员工手册》里还需要客观地说明公司当前存在的一些问题,让员工有心理准备。主要内容包括:

①常见外部运营问题。

②常见内部管理问题。

③竞争对手的压力。

④客户合作中的问题。

⑤公司一直没有彻底解决的历史遗留问题等。

公司主动向新进员工说明这些实际存在的问题,可以表明老板务实的做事风格;同时,这也是一种预防手段,防止其他员工及客户对公司的问题过分夸大。

8. 规章制度类

以下是基本的通用管理制度说明,适用所有岗位的管理制度。

(1)员工基本招聘条件

在新员工招聘中最为基本的任职要求,且是所有岗位通用的可选内容,包括以下一些方面。

①是否为本地户口。

②最基本的学历要求。

③有无犯罪记录。

④是否和前任公司交接清楚。

⑤不得有虚假学历及相关证明文件。

⑥基本的身体健康条件要求。

⑦工作时限的要求等。

(2)员工基本的招聘流程

①用人部门提出需求。

②招聘广告设计与发布。

③简历初审。

④初次面试。

⑤专业笔试。

⑥复试(人事部门、用人部门、总经理等)。

⑦进入试用期。

⑧考核与转正。

(3)公司招聘环节的费用说明

员工在应聘及入职阶段,会涉及需要自行承担的费用,需要在此一并说明。

①简历的打印装帧及寄送费用。

②前来面试时的交通费用。

③个人证件的办理费用,如健康证等。

④相关证明的开办费用,如无犯罪证明等。

除了上述需要员工自行承担的费用外,公司不会向员工收取其他费用或是交纳保证金。在员工招聘过程中,公司也不能向任何员工授权可以收取费用。

(4)员工的试用与转正

根据国家相关法规,普通岗位的试用期为三个月,特殊岗位的试用期最长为六个月。根据所在岗位的不同,对应的用人部门应出具相关试用期的工作内容。

在试用期结束后，由用人部门及人事部门对员工进行双重考核，最后由总经理审批转正。在这里公司可以加注说明，提前转正与推迟转正的前提条件。

(5)员工的工作时间与考勤

员工的工作时间分为两类：

一是固定工作时间(是可以量化的)；

二是弹性工作时间(是以工作结果为导向的)。

考勤主要针对的是固定工作时间的岗位，主要内容包括：

①工作日上下班时间的量化说明。

②对休假时间的说明。

③带薪休假的说明。

④无薪请假的说明。

⑤考勤/签到方式的说明。

⑥请假与旷工性质的说明。

(6)工作日时间的设定

以下是员工工作日时间设定的模板，以供参考。

类　　别	春季时间	夏季时间	秋季时间	冬季时间
上午上班				
上午下班				
午休				
下午上班				
下午下班				
晚间上班				
晚间下班				

(7)正常休假的设定

以下是员工正常休假表格,以供参考。

类 别	国 标	岗位 1	岗位 2	岗位 3	岗位 4
周休假					
月休假					
年休假 满 1 年不满 10 年	5 天				
年休假 满 10 年不满 20 年	10 天				
年休假 满 20 年	15 天				

(8)不享受年休假的情况

根据国家法规,员工有下列情形之一的,不享受当年的年休假：

①员工依法享受寒暑假,其休假天数多于年休假天数的。

②员工请事假累计 20 天以上且单位按照规定不扣工资的。

③累计工作满 1 年不满 10 年的员工,请病假累计 2 个月以上的。

④累计工作满 10 年不满 20 年的员工,请病假累计 3 个月以上的。

⑤累计工作满 20 年以上的员工,请病假累计 4 个月以上的。

(9)法定节假日休假

以下是法定节假日标准。

法定假日名称	法定标准	公司标准	备　注
元旦	一天		
春节	三天		
清明节	一天		
劳动节	一天		
端午节	一天		
中秋节	一天		
国庆节	三天		
其他			

(10)带薪病假

病假是员工因患病或非因工负伤，需要停止工作进行医疗时，公司可综合员工的工作情况，给予一定的医疗假期。

一般公司可以根据下面的模板进行设定员工的带薪病假。

本公司的年度最长病假为________，逾期可以自动解除劳动合同。病假期员工可以照常拿基本工资，对于病假工资，不低于当地最低工资的80%。本公司的病假工资为每小时________元

病假证明必须由公司指定的正规医院开具，包括：

①二级以上指定医院医生的病情诊断书。

②二级以上指定医院医生的病假建议书。

如果公司发现病假证明不合格可以将其视为事假；病假证明如有造假行为，则是恶意欺骗行为，公司有权据此开除员工。

(11)事假

员工因个人或家庭原因需要请假的，可以请事假。

①事假以天或小时为计算单位。

②事假为无薪假期，公司根据员工实际请假时长，扣除对应的月度工资。

③员工年度事假的总长不得超过20天(参考值)；如果超过，公司可以单方面解除劳动合同。

④员工请事假需要事前获得公司审批，否则公司以旷工处理。

(12)请假流程

员工无论以何种原因请假，都需要做到以下几点：

①向上级或总经理申请(要有请假条、短信、微信、邮件等凭据)。

②安排好离岗期间的相关工作或确定相关接替人员。

③获得领导同意后方可以使用假期。

④员工在请假期间要保持通信畅通，以便公司因工作需要而进行联系。

(13)旷工

员工未经审批的离岗行为即是旷工。员工旷工天数累计或是一次性达到3天(参考值)的，公司可以单方面解除劳动合同。在员工旷工期间，按照旷工一天停发一天工资来计算。因员工旷工导致工作衔接中出现的经济损失，公司有权向员工追索。

(14)迟到与早退

员工的迟到及早退会影响其他岗位的工作，进而会使公司整体运营受到影响。员工未经审批的迟到、早退行为公司可视为旷工行为。因为外力因素导致的迟到早退行为，例如受天气、交通等情况的影响导致的可以按照事假处理(员工需主动告知公司);完全由员工个人因素导致的迟到、早退行为可以按照旷工处理。

(15)个人仪表

员工的个人仪表是自己素养的直接体现,也是对客户及其他员工的尊重。所以,员工一定要注重个人仪表。

①服装鞋帽。

员工的服装要整洁,不得出现明显污垢;不穿奇装异服;要求穿工装的岗位,员工在上班时间需着工装;夏天不得穿拖鞋上班;冬天的毛衣、内衣不得露出;对接重要客户或政府机关的岗位,需要备用正式职业套装等。

②仪表细节。

员工要保持面部整洁;鼻毛保持修剪,不得伸出在外;眼镜干净、无锈渍;无口气;牙齿整洁,不得有明显污渍;裸露皮肤无文身;男士头发后不抵肩,侧不盖耳;指甲干净、修剪整齐、不留长指甲、不得涂抹过于艳丽夸张的指甲油;尽量少戴首饰,以简洁风格为主,不夸张等。

(16)行为举止

员工的一举一动,都是个人素质的直接表现。下列举止行为不得在工作期间出现:

①在工作场所抽烟。

②争吵。

③吐痰、抠鼻等不雅行为。

④坐姿时抖腿。

⑤与别人说话时戴墨镜或戴耳机。

⑥打喷嚏不捂嘴。

⑦翻看别人手机。

⑧在别人说话时打哈欠。

⑨别人刚离开时，重关门。

⑩当众剪指甲、剔牙等。

⑪别人输入密码时不回避。

……

(17)个人修养

先做人，再做事。良好的个人修养是成就个人品牌的基石，反之就是在不断贬低自己在其他人心目中的地位，诸如以下这些行为：

①经常借钱。

②借物迟迟不归还。

③背后议论他人长短是非。

④探听或是追问他人隐私。

⑤散布消极言论。

⑥对别人的积极表现和创新思想冷嘲热讽。

⑦抱怨牢骚挂嘴边。

……

(18)现场内务

员工对所处的工作环境或是工位，应该负责现场内务管理。包括办公室、工作间、工作台、驾驶室等。要做到以下几点。

①桌面/工位整洁，地面清洁。

②文件与物品摆放整齐有序，标签说明清楚。

③用电器线路归顺，贴边捆扎。

④墙壁和天花板干净，没有污渍或是乱贴乱画。

⑤私人物品隐藏收纳。

⑥设备器材完好，有故障及时送修。

⑦桌椅完好、平整。

……

(19)基本的工作行为习惯

习惯就是不假思索的执行。良好的工作效率，很大程度上来自个人所具备的工作行为习惯，主要包括：

①遇事随时文字记录。

②接收信息或是给对方传送信息时，进行确认，防止对方未接受或是有遗留及误解之处。

③文件物品的存放位置固定，不得随手乱放。

④文件物品需要加贴说明标签，便于查找。

⑤使用年度时间表，量化自己的工作时间安排。

……

(20)思维习惯

结果源于效率，效率源于行为，行为源于思维。员工具备什么样的思维，就会产生什么样的行为习惯。员工进入职场，无论所处公司和岗位如何，有些基本的思维习惯是要具备的：

①遇到问题要想办法解决，而不是逃避或是找理由。

②如果自己犯错，就要爽快承认并随即改进，而不是强调客观原因。

③想说的话，要先想好了再说，切忌不经过大脑思考脱口而出。

④凡事有规划，不是想到哪里就做到哪里。

⑤提前考虑负面情况，并有预案意识。

⑥与别人打交道，能保持换位思考，不要总是从自己的角度出发。

……

(21)个人学习规划

新员工刚入职时，应该把80%的精力用在学习上。在转正后，就可以花费20%的精力获取80%的业绩。公司应该鼓励员工在入职后，在岗位要求的基础上自行建立个人的学习规划。

(22)个人发展规划

员工无论是在公司的职业发展，还是个人的人生路径，都要有基本的发展规划。员工可以参照公司提供的职业规划，设计个人的职业发展规划，以便与公司的员工培养计划相结合。

(23)公司倡导的价值观

作为员工的管理者，公司有责任引导员工建立积极健康的人生价值观，促进员工不断提升自身价值。公司可以明确相关的价值观，作为正面引导标尺。可以选用的正确价值观有：

①专业精神。

②高效执行。

③自己是一切问题的根本。

④遵章守纪，做事认真。

⑤具备服务意识。

⑥保持再学习。

⑦先做好过程，再有好结果。

⑧先推销自己，再推销产品。

⑨每月进步一点点。

……

(24)基本财务管理要求

公司员工，不论哪个部门都要对基本的财务知识有一定的了解。公司可以将通行的基本财务管理要求归纳如下：

①员工工作满一年以后，方可以借支费用。

②员工工作满三年后，方可以借支工资。

③员工各类费用的报销，需要在公司既定标准内。

④关于报销票据，公司只接受本年度的正规发票，收据无效。

⑤公司执行先审批、再报销的基本流程，员工不得先用再报。

⑥紧急情况下，可以通过电话向上级请示。

⑦现金的进出，要当前清点确认，事后不翻盘。

⑧因员工个人原因导致票据跨年(无法做账)的，由个人承担相关报销费用。

⑨严禁以各种名义向客户借款。

⑩员工经手的各类公款回款，应当天上交财务，逾期按照挪用公款处理。

……

(25)公司基本法务说明

公司在制定相关管理制度时，要基于国家相关法规的明文要求，尤其在以下方面：

①贪污及挪用公款。

②伪造票据或是虚报金额。

③偷窃或是骗取公司财产。

④泄露公司机密。

⑤通过诽谤形式损坏公司声誉。

⑥利用公司的各类资源，私自从事商业行为。

⑦捏造或是散布公司的负面言论。

⑧唆使其他员工作案，或是导致其他员工离职。

……

(26)基本生活设施配置

为方便员工，公司可以为所有员工提供基本的生活便利设施：

①饮用纯净水设备。

②开水。

③洗手间(配套的消毒、用纸、洗手液)。

④私人储物柜。

⑤储藏及加热食物的冰箱与微波炉。

⑥空气消毒及净化设备。

⑦常备创伤类药品。

……

(27)关于意见与建议

公司不是完美的公司，很多方面需要调整和完善。公司应当欢迎员工就公司当前所存在的各类问题，提出相关建议。尤其是：

①有损公司利益或是形象的。

②阻滞工作效能的。

③存在风险隐患的。

④存在浪费的。

⑤存在虚假信息的。

……

相关建议的价值评估，将纳入员工的年度考核及晋升考评之中。

(28)一些应急状况

公司在出现以下紧急情况时，应有对应的负责人：

①被盗。

②刑事案件(打架斗殴)。

③媒体采访。

④火灾。

⑤政府部门稽查。

⑥车辆事故。

⑦劳资纠纷。

(29)保密说明

由于市场竞争以及员工对公司的责任，公司任何员工都不应当将公司的任何情况(包括看到的内部文件，旁听到的会议内容等)泄露给任何人或机构；即便是泄露给公司内部的其他员工，也是不允许的。除公司信息外，还包括自己的工资收入，其他同事的个人信息等。

这是一种良好的工作作风，也是对别人尊重的表现。不仅是员工在公司工作期间需要遵守保密义务，离职以后也应该承担这种义务。

(30)员工的离职

员工在离职前，应当提前1～3个月提交离职报告，并妥善安排好相关的对接事务。在离职前一个月，基本断离外部事务；在离职前半个月，基本断离内部事务；在正式离职后一个月内，公司财务将结算工资账务，并由人事部门开具离职清算证明。

(31)《员工手册》配发的细节

公司在配发《员工手册》时，还应该注重一些细节：

①《员工手册》宜使用硬质封面，以便于保存。

②确保发放到每位员工手上。

③在新员工入职时配发。

④保持每年一次的版本更新等。

新进员工的照片

新员工刚进公司的第一个月，是员工工作状态较好的时期，可以说是最好的一个月。这时的员工对新公司有热情，对新工作有新鲜感，对未来发展有期望值。但员工的这种状态持续时间不长，新鲜感、工作积极性，都很快会消退，甚至滑入消极状态。

当然，老板希望员工第一个月的积极状态能尽量延长一些。要想实现这一点，公司就得花一些心思来研究员工的心理。作为新员工，进入新公司的感受和憧憬，具体可以包括以下几个方面：

(1)能看到全新的自我；

(2)看到公司对自己的重视；

(3)能看到自己的未来。

若笔者在这里介绍一个简单又低成本的办法，可以有效延长员工入职后的积极状态。即公司为员工安排拍摄专业的个人职业形象写真照片。从艺术的角度，拍摄出员工最为美丽、帅气的一面，哪怕本人长相不突出，也可以通过相关的艺术加工，做到人物传神，生动而富有感染力，突出人物的艺术性和思想性。

这里说的照片，是在职业背景下的写真照片。

1. 拍摄照片的目的

为员工拍摄艺术照片是让员工看到自己帅气、精神的一面，看到自己朝气蓬勃的样子，从而增强员工个人的自信。

2. 拍摄说明

这种照片的拍摄涉及一定的专业技术要求，要由专业的摄影师来拍，并且还得由妆容、发型、服装、灯光等专业要求以及后期的专业处理等环节。不过，由于不涉及场景布置，员工服装也较为简单，所以综合费用不会太高，相信绝大多数老板都能承担得起。

3. 拍摄费用

员工照片的拍摄费用，当然由公司来报销，可以作为新员工进公司所享受的第一项福利。

要注意的是，照片的电子版公司要单独发给员工，并且要存放在一个 U 盘里，连 U 盘一起送给员工。赠送 U 盘这个小细节，会进一步提升员工对公司的好感。

4. 照片的使用

所拍摄的照片，一般用在以下几个方面：

(1)公司组织架构中的证件卡片；

(2)员工个人的证件及胸卡；

(3)公司网站上的员工介绍栏目；

(4)可以在公司办公室里，做一个独立的员工照片墙，将所有在职员工的照片都集中在这里。

总而言之，员工的照片是要张贴在公司内部的，让员工每天都能看到最精神、最帅气的自己。这样会对员工的精神状态产生正面影响，会让员工尽力保持这种朝气蓬勃的状态。

新员工入职后的正面感受

新员工刚刚入职的时候，公司不要急于要求其产生绩效，也不要求其马上开始学习；甚至也不要马上安排老员工对其带岗。在新员工刚入职的头几天里，首先要让新员工对老板、对公司建立正面的认识，让其正面理解外部的市场压力和客户压力，实现员工对公司的初步信心建立，并在这个基础上，导入员工的各类学习和磨合，直至进入工作状态。

新员工对老板、对公司的正面认识是如何建立的呢？这不是空洞的口号、虚无缥缈的企业文化，或是老板随口开出的空头支票所能建立的，而是要求公司通过一些实实在在的事情，让员工亲身感受到。但公司并不一定需要大量投入，公司把一些小事情做好，在细节上就能让员工产生许多正面的感受。这些小事累计起来，就会形成员工对公司、对老板的正面认识，从而建立信心。下面笔者介绍一些低成本且执行简单的细节。

(1)老板要和新员工进行一次单独的谈话。

在新员工入职之后的一周内，老板要单独找员工谈话，重点是客观介绍市场背景和公司当前的运营状况，也可以直言不讳地指出当前公司及团队中存在的若干问题，让员工感受到公司对自己的尊重。

(2)让员工独立承担一次清理工作。

在公司内部设定一块区域。例如：会议室、杂物区或是走廊等，让员工独立进行清洁工作。这项清洁工作员工执行起来要简单。目的是让员工独立完成一项任务，获得其他人的认可及员工对公司工作的参与感和成就感。

(3)公司要告知员工公司的一些社会资源。

公司主动告知员工在当地的一些社会资源，诸如在一些社会职能部门的社会关系等，员工在个人有需要时，可以向公司申请一定的支援，哪怕是简单的信息获取等。

(4)书面文件透明化。

公司办公室里各类书面文件，都要进行分类，并且使用文件夹、文件盒、文件框等工具进行集中摆放在透明可见的文件柜里，以方便员工使用。

(5)工具集中管理。

公司的各类工具文件等切忌乱放。关于各类工具要购置齐全并且集中分类存放，以方便员工取用。

(6)办公室要有开水供应。

公司要配备一些饮水用具，如饮水机、暖水瓶、热水器等。总之公司要能为员工提供热水，方便员工喝口热茶或是热饮以及其他用途。

(7)加班应急的食品储备。

公司要经常保持瓶装水和桶装泡面的储备，在员工加班或是天气原因无法回家，或是时间紧张没空出去吃饭时，给大家作为应急之用。

(8)公司要有医药箱。

公司要常备一些基本的常用药，尤其是简单的外部创伤药，让员工在有些小擦小碰时，可以及时进行简单的处理。为了安全，原则上不要常备内服药物。

(9)有冰有热。

公司要在冰箱里常备食用冰块，方便员工喝冰镇饮料或是有个头疼脑热时能做个简单的冰敷；同时，公司要配备微波炉，方便员工加热自带的食物。

(10)餐饮用品。

若员工在办公室里用餐，公司则需要准备一些基本的餐饮用品。例如一次性筷子、杯子、调味品等简单餐饮用品。

(11)私人物品柜。

公司要给每位员工分配一个独立的小柜子，放置一些私人物品等。这对员工来说，是一个属于自己的独立空间，尤其是对那些常跑外勤业务、在办公室里没有固定办公桌的业务员来说更加贴心。

(12)厕所有手纸。

要为员工提供厕所用纸，以方便员工取用。别看这个事小，但却很实用。

老板能为员工想到这些小事，说明老板把员工放在心里，也是公司内务体系足够细致的表现。

以上这些事情的执行，公司投入不会很大，实施起来也不困难，但处处都能贴合员工在公司生活、工作的状态。公司通过这些细节，让员工亲身感受公司对员工的关心。并且以小见大，这些小事情的妥善落实，也能让新员工直观感受到公司背后管理体系的细致和用心。

新员工入职时的“反污染”措施

社会是个染缸，公司也是。

新员工刚进入公司，初始热情一定是有的，但在后期可能会是受一些外部因素的影响，导致员工热情冷却，甚至是被“污染”。作为老板，一是要正视这种情况；二是要主动干预，在新员工入职阶段，进行“反污染”措施。

首先公司要弄明白，哪些因素会“污染”新员工。

(1)糟糕的办公室环境。乱糟糟的工作环境，说明公司管理混乱，公司没有实力，不规范等。更是体现出老板的能力，甚至会让员工对公司未来的发展担忧。

（2）老员工的排挤。在一些公司，有一些老员工怕新员工影响自己的利益，会排挤新员工。

（3）员工之间传递的负面信息。在公司内部，会有一些关于公司的负面信息，如老板小气、公司业务难做等，说的人多了，势必会影响新员工对公司的热情。

（4）公司存在的实际问题。没有哪家公司的发展是一帆风顺的，各种问题频繁出现是正常现象。公司的发展，也是一个不断面临问题、解决问题的过程。对于新员工来说，公司里当前的各类问题、一些历史遗留问题、各种管理缺陷等，也会影响其对公司的信心。

（5）来自客户的否定和打压。公司的一些客户为了一些目的，可能会对公司的一些新员工刁难，如不下订单、不回款等。这些都会致使新员工有挫败感。

以上只是对公司真实状况的一部分描述，作为管理者，对此种情况要知晓并且要主动采取一些措施。

（1）关于办公室环境。

公司管理的对象，即人、事、物这三样，相对来说，对“物”的管理是简单的。公司要保持员工办公环境的干净、整洁，以利于员工的工作。

（2）真实情况告知。

真正的勇士，敢于面对惨淡的人生；真正的老板，也应该是勇士。公司的真实情况，包括一些负面情况，可以对新员工进行全面的告知。同时，针对一些问题也要做客观的分析，指出其中的机会所在，以及需要注意的地方。这样做，至少能反映出老板具有责任心。

(3)新员工抗打击能力培训。

员工抗打击能力是一门技术，通过特定的训练，可以让员工承受一定的负面打击，尤其是来自外部客户的打压。训练方法也不复杂，例如让员工上台讲课，即兴演讲等。

(4)个人职业发展规划。

重复的工作也会让员工丧失工作的热情。这一问题的解决办法是公司帮助员工做职业发展规划，分阶段设定一个个小目标，并向员工定期沟通分析回顾，再结合一些员工轮岗、外出参观、充电学习等环节，让员工有个奔头。这样做能在一定程度上维持员工的工作热情。

新员工入职的时间安排

按照常规的新员工入职时间安排，一般要经历以下这些流程：

(1)面试,公司确认应聘者初步符合要求之后进入试用阶段。

(2)员工在试用阶段先学习,公司要看员工是否有学习能力以及学习之后的转换使用能力。

(3)新员工与当前团队之间的磨合,乃至与外部客户的磨合。

(4)员工真实情况的展现,如真实的工作能力、性格、沟通方式、心态等因素。

(5)新员工对工作指令的实际执行情况。

(6)新员工的业绩产出。

(7)个人能力与付出,实际转换到个人收入上。

……

这样一套流程走下来,至少要 2～3 个月,且此期间员工的业绩贡献有限,员工得到的工资较低,员工可能出现不满。

为了缓解这个矛盾,可以将员工的试用期倒置。即让新员工在正式入职前,就完成相关的学习和磨合工作,甚至在入职前就有一定的业绩产生和收入,实现入职就能进入正常业绩产出和收入的状态。

基本的推进流程可以调整为:

(1)根据公司发展的需求,提前半年开始招聘新员工。

(2)对应聘者进行面试,但面试成功后不直接让其入职,而是让其继续原有的工作或是待业状态。

(3)每周或是每月对其进行一次公司事务安排,诸如参与促销活动、列席内部会议、参与仓库盘点等活动,让入选员工开始一只脚迈进公司,进行多方面接触、学习、磨合等工作。即让其在入职之前，把试用期要做的事情都做了。

(4)待新员工的真实状态完整呈现出来时，若符合公司需求，可分配其一些兼职工作，计发对应的薪资待遇。

这样做可以让新员工在正式入职之前，就完成学习磨合，并有兼职方面的收入；同时也让新员工充分明确自己是否适应新公司和新岗位，之后再作出正式入职的决定。

这样，新员工在正式入职之后，可以无缝衔接正式工作。对新员工来说无需忍受试用期的低收入状态。对老板来说，即便新员工在入职后短期离职，自己的损失也很有限。

新员工的试用期是可塑期

一般员工刚进入公司的时候，会有一个试用期，三个月到六个月不等。员工在这期间先试着工作，如果符合公司要求即可转正。

在新员工的试用期，公司人事部门、用人部门、老板更多的是在观察新员工的表现。在对新员工的具体工作安排上，以学习为主，尤其是老员工以传帮带式的教授为主，较少承担独立的业务；公司对其考核方面也较为轻松，相应地待遇也较低。

其实，笔者认为，可以将员工的试用期改为员工可塑期。试用期是测试员工，可塑期则是在塑造员工。

新员工刚刚入职时，其自身的思想观点、职业技术能力、与公司的岗位要求，一定存在一些差距。这个差距的消除存在一个加工塑造的过程。

1. 设定标准

究竟要把员工塑造成什么样子，公司应该有一个标准。这个标准就是《岗位说明书》，即对该岗位的工作范围和员工应当具备的工作能力进行全面的说明。在新员工入职时，公司就可以将《岗位说明书》发放给新员工，让新员工自我对照自己与标准之间究竟欠缺哪些东西。

2. 机动选择

不是所有的员工在入职后，都能顺利胜任新岗位，有可能会提升或是降级。所以，在员工的试用期，公司不要给新员工限定单一的岗位，而是给该员工三套《岗位说明书》，即目标岗位、目标岗位的上一级岗位和目标岗位的下一级岗位。既给员工在试用期有晋升的动力，也给员工预留了一个降级的空间。

3. 主动的系统培训

公司不能指望新员工在入职后会展开自我学习，也不能期望传统的传帮带能发挥多大的培养作用。

公司要主动对新员工进行系统化的培训工作，即以《岗位说明书》为基准，进行配套对应的培训课程、培训讲师、实操题目、落地验证等系统工作。

4. 考核要点

新员工的试用期以学习为主，实操工作量少，在考核方面也要以学习成果为考核重点。即考核学习成绩与实操质量，该记的内容有没有记住，执行的流程是否符合规范，该明白的道理是否能理解到位并接受等。

5. 汇总分析

对新员工的系统培训：一方面是公司应该承担的责任，对招进来的员工有培养的责任；另一方面，公司也在看新员工是否具备可塑性，是否能通过系统培训，塑造成符合岗位要求的员工。若是六个月还不能改变过来，那就只能放弃。

从试用期到转正的管理流程参考

新员工刚入职，公司会安排试用期。经过试用期实际工作中的学习和检验，若新员工能基本符合招聘条件及岗位要求，公司可为其办理转正手续，让其成为正式员工。员工转正，不仅仅是一个手续办理的过程，也是公司对新员工的一次全面考核评估的过程，是对带岗员工（带岗能力）的评估过程。

1. 公司安排试用期的目的

（1）全面了解新员工。

（2）核实员工在面试时所自述的工作能力。

（3）让员工全面熟悉公司。

（4）新员工与当前团队的全面磨合。

（5）观察新员工是否具备可塑性。

（6）让员工重新建立对工作标准的要求。

2. 常规安排

在通常情况下，绝大多数新员工试用期后基本上都能转正。但这里的转正更多的是走个形式而已，公司没有从专业角度做出一些量化的分析评估；甚至有些公司连转正的形式都省略了。这样做会产生一些问题。

（1）从员工角度：

①基本上都能过关，感觉公司要求也不高，自己的能力没问题。

②公司没有专业的评估分析，更没有分析自己的优点和缺点，说明这个公司没有真正意义上的标准；也说明公司的管理层没有关注过自己。

③若是新员工前任公司有员工转正的标尺，而当前公司却很简单，员工会觉得公司的管理体系简陋，更会产生对当前公司的轻视感。

④后期缺乏提升动力。既然自己能顺利通过转正，说明自己工作能力是可以的；也说明自己是合格的，称职的。

既然公司没有什么更高更具体的要求，那自己也没有继续提升的必要。在转正过后，状态自然有所松懈。

在以后工作中遇到问题，认为都是公司的问题，与自己无关。

（2）从带岗人的角度：

若是带岗标准不清晰，公司对带岗成果的验收很随意，甚至没有验收，那么自己的带岗价值也就没有被肯定。带新员工的工作任务不仅为自己增加麻烦，还耽误自己的正常工作。

（3）从其他员工的角度：

觉得新员工随随便便就通过转正，说明公司现在要求越来越低。若是转正标准高，有一定淘汰率反而会促进老员工珍惜当前的工作机会。

所以，公司对新员工的转正工作要有足够的重视。

3. 公司员工转正工作的基本原则

（1）公司要严肃看待新员工的转正工作，切忌随意。

（2）公司应建立全面的考核系统。

（3）公司要肯定员工的优点，指出员工的问题。

（4）要体现出公司的专业和系统化。

（5）新员工转正，公司对带岗人及其他老员工，也应有一些评估。

4. 公司人事管理层的考虑

（1）在员工转正考核策略设计上，要有难度和压力。

(2)不是让新员工轻松通过转正考核，而是让新员工勉强过关。

(3)让员工带着问题和缺陷过关。

(4)避免新员工的骄傲自满。

(5)推动新员工在以后工作中保持进取心。

5. 试用期对员工的基本安排

(1)调查清楚员工个人基本情况。

(2)让员工了解清楚拟入职部门、岗位、级别、工作范围等。

(3)制定员工试用期限及各阶段时间安排。

(4)新员工带岗人安排。

(5)制定各实习部门、实习岗位、实习内容。

(6)各实习项目的导向与结果评测。

(7)员工试用期薪酬、费用报销、权限内容等。

6. 考核的基准

公司考核员工，前提要有明确的量化标准，诸如：

(1)是否符合《岗位说明书》。

(2)是否符合《工作执行说明书》。

(3)相关学习资料是否学习完成。

(4)需要提交的报表是否完成。

(5)所交代的工作是否完成。

(6)考勤记录情况。

(7)其他员工及客户的评价。

(8)业绩报告等。

7. 考核导向

(1)学习方面：对相关知识的学习内容是否掌握，理解是否正确。

(2)执行力方面：对指令的响应速度、接收态度、执行速度和成果，是否有拖延或是虎头蛇尾等情况。

(3)对工具运用的熟练程度。

(4)人际关系的相处，团队的融合是否良好。

(5)心态：属于进取还是保守等。

8. 加分因素

在常规考核标尺上，若是新员工能主动做到以下内容，则可以适当加分：

(1)主动学习，超纲要学习，自行强化巩固。

(2)观察力强，发现公司存在的问题和机会。

(3)有创新能力，修补当前不足。

(4)外部资源的引入等。

9. 提前告知

从试用期的工作内容，到相关的评估标准，公司应提前告知新员工，这样做的目的：

(1)让新员工知道自己工作的内容和方向所在，防止跑偏。

(2)体现出公司的系统性和专业性。

(3)前提给标尺，后期再核，前后对应，章法有序。

在告知新员工试用期的工作内容安排时，还一些情况要提前向其说清楚：

(1)关于试用。试用是本着对双方负责任的原则，是一个学习、磨合、重塑的确认过程。

(2)关于转正。转正是双方的互相认可，不仅仅是公司对新员工的认可，也是新员工对公司、对新工作和团队的认可。

10. 过程检测

在新员工的试用期间，公司管理层、带岗人、用人部门负责人、工作中有交集的老员工等都需要对新员工保持观察和检测，提前给出评价表，作为标尺所在。

11. 试用期后的总评

新员工试用期结束后，公司需要对其进行总评，可分为新员工自我评价和外部评价两部分。

新员工自评可集中在：

(1)自己对职业技术的学习与掌握情况。

(2)自己与团队的相处情况。

(3)自己对工作特性和压力的适应情况。

(4)自己与外部客户的交往情况。

(5)自己对公司当前管理和运营体系的合理性及看法。

(6)自己工作成果的总结。

(7)自感不足的环节等。

外部评价主要是带岗人、实习部门负责人的评价：

(1)员工个人基本素质与人际交往情况。

(2)员工思维是否清晰。

(3)员工对公司环境的适应情况。

(4)员工学习意识和学习能力，是否具备可塑性。

(5)员工基本的工作态度。

(6)抗压及抗“污染”能力。

(7)对专业技术的把握和在工作中的实际操作能力。

(8)管理服从性、执行力、制度遵守及出勤表现。

(9)与岗位实际要求的匹配度。

(10)与团队的磨合，协作表现。

……

在总评出来后，公司需要与新员工进行专项沟通，即作为一个总体的回顾，也是各层面的专业分析。

(1)询问新员工，试用期过后与其自己的预想有哪些差别。

(2)员工整体的适应情况。

(3)基于实际工作执行力及成果。一是对照公司标准，二是对照新员工在面试时的自述。

(4)指出新员工在试用期暴露出来的问题和不足，当然，需要提出多个具体案例进行印证，避免单个案例让员工出现不服气的情况。

以上这些做法可以体现出：

(1)公司的体系和专业度。

(2)员工自己在试用期的工作状态，公司是有在观察和评估的。

(3)引导员工客观看待自己的实际能力。清楚自己需要学习或是要增补的环节。并且员工通过试用期和总评，能进一步确认自己是否适合这个公司这个岗位。能从客观角度看待一个全面的、真实的自己。

12. 总评的基本流程

(1)员工自提。

(2)带岗人评估。

(3)实习部门及用人部门的领导评估。

(4)人事专员的安全评测(包括员工在试用期间是否涉及司法案件，个人征信情况，个人及家人是否有注册与公司业务相近的商业机构等)。

(5)人事部总评，提出意见(留用、延长试用期或不合格等)。

(6)公司的人事及高层领导批准。

(7)对于转正的员工：

①合同签署，和员工签署劳动合同。

②薪酬变化，给予员工相应的报销标准、福利待遇等。

③建立正式的职业发展规划，明确下一个晋升目标。

(8)员工不及格的处理：

①直接放弃。

②公司若是认为新员工还有价值，可给予延长试用期(最多不超过六个月)、再次考核评估的机会，若是合格给予录用；不合格则放弃。

小公司怎样和员工谈未来

新员工正式入职时，作为老板总是要表个态，给员工全面介绍一下公司状况。不管公司规模怎样，有些情况老板还是需要注意的。

1. 首先要明确有哪些话不能说

老板在和新员工沟通时，有些话是不能说的，诸如：自我夸奖，表达对行业巨头的不满，表示自己的清高及对同行的不满，过于放大公司未来的发展前景，过于强调公司的规模和自己的权威等。因为这些话语容易导致员工的反感，贬低老板自身的形象。

2. 客观介绍行业背景及公司发展历史

老板可以按从大到小、从宏观到微观的基本次序，介绍相关的背景情况，诸如：

(1)行业的基本概要说明；

(2)行业的起源与基本发展历史；

(3)当前行业市场空间容量与基本分布格局;

(4)本地的市场空间容量,以及近3～5年的递增率;

(5)本地同行的概况;

(6)本公司的起步、发展历史,当前在本行业的排名,近3～5年的递增率(相对本地的总体行业递增率对比);

(7)客观说明公司当前的问题,诸如公司体量较小、系统性差、缺乏足够的后台支撑、社会地位低、知名度低、待遇水平有限等;

(8)若是公司在之期遭遇过事故灾难,也可以客观说明;

(9)本公司的专业定位与经营特色(突出本公司的核心竞争力,与同行之间存在最大差异的方面);

(10)本公司的未来发展方向与分阶段目标等。

总体而言,既要基于当前的实际情况又要给新员工一些信心。

3. 从行业延伸到个人

基于行业特性以及公司的发展方向,延伸到对员工的要求:

(1)岗位所对应的技术结构;

(2)专业技术学习掌握(尤其是新员工需要全新学习的专业技术);

(3)本行业特有的销售淡旺季与员工工作量之间的关系;

(4)工作中可能要面对及承受的工作压力;

(5)执行力;

(6)工作中对体力的要求;

(7)普遍的客户特性;

(8)分析员工前期所从事的行业及公司,与当前行业及公司之间存在的差异性。

当然，这里更多要突出行业特性对员工的要求，而不是老板个人对员工的要求。

4. 和员工沟通个人的职业发展方向

老板可以先向员工表明入职是双向选择的，公司选择员工，员工也可以选择公司，双方是基于自愿平等的商业合作关系。之后，老板要听取员工个人的发展规划。诸如：

(1)入职取向。是为了赚钱、学习、建立好的人际关系，还是为了消磨时间等。

(2)计划在职时间。员工打算在公司里做多久，一年、三年还是五年等。并且向员工了解哪些因素会导致员工离职。双方做到心里有数。

(3)员工在本公司的发展空间，除了常规的职位晋升、待遇提升之外，还可以考虑合作关系的晋升，例如从雇佣关系升级到股份关系等。

(4)汇总分析与寻找结合点，汇总员工所表达的职业发展方向，老板将其与公司的发展目标进行合并分析，找出其中的契合点，进一步梳理和明确员工的职业发展方向。

以上这些沟通内容，老板最好提前打好草稿，然后安排时间与新员工单独沟通。

实习生的工作安排参考

公司可以从外部引进实习生，从事短期内的实习工作。这项工作会涉及招聘、工作安排、培训、考勤、薪酬、评测乃至离职交接等方面的执行细节，公司需要建立对应的执行标准，确保整个实习过程科学有序。

1. 公司为什么需要实习生

公司招聘实习生是出于以下目的：

（1）检测公司当前管理机制中存在的漏洞或是空白点。

（2）基于实习生的实际入职和上岗过程中所出现的问题，检测公司对新员工入职体系的完整性。

（3）检测各类培训体系的实际效率。

（4）检测内务管理体系和员工工作效率之间的关系。

（5）培养当前员工的初步人事管理和技术辅导能力。

（6）平衡当前员工的自我膨胀心理。

（7）缓解部分纯执行类岗位的人手紧张问题。

2. 基本原则

公司招聘实习生进公司要坚持以下几点原则：

（1）实习生能做多少实质性的工作并不重要。

（2）能否教会实习生也不重要。

（3）通过实习生的入职和工作过程，可以暴露出公司的问题，这才是关键所在。

(4)指出公司的问题是人的问题，还是管理系统的问题。

(5)公司表面上的平静不是好事，新来的实习生往往会打破平静，暴露出公司的一些问题。问题暴露出来，管理层才好解决。

3. 招聘对象及时间段

(1)首选学生。包括在校大学生(寒暑假期间)和刚毕业还没有就业的大学生。

(2)刚退役的军人。当前处于待业状态的退役军人。一般是每年的 9 月初及 12 月初，为部队的退役时间点。

4. 招聘方式

因为不是正式工作，没有劳动合同作为安全保障，所以，公司原则上不接受完全陌生的实习生。以防止出现套取资料、泄露公司秘密等情况，要以熟人推荐为主。

5. 基本招聘条件

公司对实习生的招聘条件可以包括以下几项：

(1)大学学历(在校即可)。

(2)英语(选项)。

(3)仪表。

(4)自身有实习的主观意愿。

(5)情绪性格正常。

(6)基本电脑使用(WORD、EXCEL、PPT)。

(7)对工作经验没有要求，但需要有学习能力和主观意识等。

6. 实习时间

实习生在公司的实习长度在1～2个月，原则上不超过3个月。

待业状态的实习生，在实习状态良好、本人有入职意愿且公司当前存在对应岗位缺口的情况下，可以适当将实习期延长到3个月（代替试用期），并考虑其正式入职。

7. 设定基本学习资料

作为实习生需要掌握的基本资料，需要提前将这些方面的学习资料整理好。如企业简介、工作环境说明、岗位说明、考勤与薪酬、相关工作的执行说明、需要使用的各类表单标签、工作设备工具的使用说明等。

8. 实习生的学习准备

公司在实习生上岗前（至少提前一周），需要将学习资料发给实习生学习。让其学习完后再正式上岗，以便较快进入正式工作状态。同时，公司也可以观测实习生在无监督（未入职）的状态下，个人能否保持主动学习。

9. 入职与带岗

实习生入职后，部门负责人要安排工作岗位，并指定带岗人进行带岗。

10. 入职工作安排

实习生正式上岗后，对其工作安排包括以下内容：

（1）提前准备工作用的微信、QQ/e-mail等通信工具。

（2）提前准备工作用的手机。

（3）开设OA账户/钉钉等管理账户。

（4）将其拉入微信工作群。

(5)考勤指纹录入、门锁指纹录入等。

(6)工位/基本办公用品的领用。

(7)提前准备工作表格(电话记录/工作记录本)。

(8)提前准备实习生的学习计划等。

11. 学习计划

学习是贯穿实习生整个实习期的，即是要教会实习生掌握相关的工作方法，同时也是在检测公司的培训体系和带岗人的个人培训能力，以及公司当前的管理状态。公司应为每个实习生制订学习计划，并由带岗人进行全程跟进。

学习计划的模板可以参考下表。

学习内容	学习指标	辅导人	开始时间	结束时间	学习成果

12. 实习生工作分配的原则及内容

实习生在完成基础学习之后，即可以进入工作状态。因为实习生的工作能力有限，所以公司在对其分配工作方面需要把控一些基本原则：

(1)安全第一，不涉及各类风险事故。

(2)不涉及影响公司形象的内容。

(3)对内不对外。

(4)简单重复操作类的工作。

(5)原则上不让实习生独立完成工作，需要有其他正式员工配合或是监督。

公司对实习生的工作可以安排以下内容：

(1)文件资料的校对打印装订(需复核)。

(2)快递装配(需复核)。

(3)办公室清洁。

(4)设备维护，耗材更换。

(5)文件物品的分类、归位、贴标、清洁。

(6)网络资料查找并整理成报告。

(7)协助仓库盘点。

(8)简单的外勤工作(送取件、采购)等。

13. 基本职业习惯的导入

在工作中，带岗人要给实习生导入基础职业习惯，诸如：

(1)接收信息先要确认，避免信息接收偏差遗漏。然后进行及时的书面记录。

(2)有 OA 系统的公司，及时刷新 OA，相关工作的指令及执行进度及时发布在 OA 上。

(3)对工作事务要保持主动跟进。

(4)对自己传递出去的信息要确保闭环，收到要反馈。

(5)做时间管理，基于年度时间表做时间点标注。

(6)工作执行之前，先看执行标准，而不是想当然地执行。

(7)换位思考，不能只从自己角度出发考虑问题。

(8)考虑好之后再说话，并降低说话的语速。

(9)控制自己的面部表情，这也是在传递信号。

……

14. 提出意见

每家公司都有存在不合理的地方，例如：管理空白、漏洞、风险隐患等。当前的员工也许习以为常，也许是出于各种原因，看到了也不说。实习生是从第三方的角度来看待，更加容易看到问题并表达出来。

作为公司的管理层应鼓励实习生站在一个新的视角上发现问题。实习生所提出的问题，也是实习生对公司贡献的价值之一。

这些问题包括：

(1)办公室现场环境；

(2)文件物品的摆放及取用是否方便；

(3)公司各类设备的使用是否正常；

(4)各类工作流程设计是否合理；

(5)工作执行标准能不能看明白。

……

15. 对辅导体系的检测

公司培训实习生由两个部分组成：

(1)带岗人,即辅导人。

(2)当前的学习材料、培训课程等。

带岗人是否有意愿教新员工(意愿问题),会不会教新员工(技术问题)。公司当前的培训体系、内容结构设置是否合理?内容的衔接是否合理?学习过程是否轻松?学习之后如何转换到实际行动?这些问题都可以通过实习生的实际学习过程来检测。

16. 工作总结

实习生每日的工作应做有记录,带岗人应对其有小结和点评。

每个月末,实习生和带岗人应分别做月度工作小结。

实习生月度小结应包括以下内容:

(1)本月学习情况。

(2)本月工作情况及成果。

(3)工作中的感受和意见。

带岗人的月度小结应包含的内容:

(1)本月辅导内容及实习生学习情况。

(2)实习生的实际工作情况。

(3)实习生自身存在的问题。

(4)通过实习生的检测,公司自身存在的问题。

实习生的实习期满后,应进行工作总结。公司提供模板,由实习生自行填写。可以让实习生看到自己的学习和工作成绩以及进步和成长,并作为学校及用人单位的实习凭证。

参考模板如下:

实习日期：　年　月　日 —　年　月　日			实习岗位：	
岗位工作范畴：			带岗人：	
学习内容	学习形式	学习情况	实际运用	备注

17. 实习生的离职

确定实习生离职时间后，公司要安排以下相关工作。

(1)工作交接。

(2)办公物品收回。

(3)各类工作账户移交(包括微信、手机等)。

(4)退出工作微信群，删除 OA 账户等。

(5)安排小范围的聚餐。

(6)安排赠送纪念品(文具类)等。

第五章

员工离职

那些被开除的员工

面对那些工作落后、不服从管理、严重违反公司纪律的员工，在劝说整顿无用后，老板们大多的做法就是“开除！”

开除人不需要什么技术含量，执行起来也很容易，但是，在多数中小型私营公司里，每开除掉一个员工，就可能给老板埋下一个“地雷”。公司在未来的发展道路上，不知道自己哪天会踩上去。为什么这样说？原因很简单。员工被老板开除掉，心里自然会有气，有可能会对公司心存怨恨。也许有的老板不以为然，认为一个小员工没有办法对自己怎么样。但也许不久的将来，他们可能为公司发展带来一定的阻力。

这里，笔者建议老板要转变思想，对自己原有的一些想法要转变思路。

(1)开除员工一定是员工的问题。

在开除员工时，老板一定会认为是员工的错。实际上，员工出问题，有一半以上的原因是与老板的管理水平有关。当员工被开除了，老板才是最应该检讨的。

(2)假定员工要在公司干一辈子。

大多数老板都希望员工安分守已地一直工作下去，对于员工激励以及一些管理制度的制定往往都是从长远的角度来考虑。实际上，所有的员工都将是离职员工，他们在公司里只是短暂的工作而已。所以在一些管理制度的制定上要从短线来考虑。

(3)员工不是公司的财产。

有的老板把员工看成是公司的资产，认为自己对员工是有所有权的，不允许员工有自己的想法。其实，老板与员工只是合作关系，并且是短期性的合作。员工不可能属于某个公司或是某个老板。

(4)忌讳与员工谈离职的话题。

在员工正常工作期间，老板一般是不会与员工谈起离职话题的。其实，所有的员工都将是离职员工，离职这个问题大家迟早都是要面对的。在员工刚入职的时候，公司完全可以把离职的一些话题和员工谈好，以后员工即便离职，也都有一定的准备。

(5)是员工主动离职还是公司主动送人。

员工离职无非有两种情况，要么是自己主动提出离职不干，要么是老板主动把员工炒掉。其实，还可以有第三种更柔和的方案，就是公司送人走。既然所用的员工都是要走的，公司为什么不考虑主动将员工送走呢。在员工入职时，公司就与员工约定在职时间和未来发展方向，待条件合适时，老板会主动将员工推荐到其他公司，即送人走。这样，员工在正常工作期间也能够安心，即便是走的时候也是开心的。老板无“地雷”之忧，且还会多一个社会资源。

员工不会说的离职原因

员工离职的原因很多，这里所说的多指公司方面的原因。有些员工在离职时表面上比较客气，但真实的离职原因往往就闭口不谈了。那么，究竟有哪些离职原因是员工不会说出来的呢？

1. 对个人发展与公司关系的定义

在60后、70后的老板看来，员工的个人发展与公司的发展是一体的。认为员工要稳定、从一而终地干下去，才能有成就。所以，老板对稳定性高的员工才会重视，才会给予待遇提升。

不过，如今员工对个人发展问题，并不是寄托在一家公司身上，而是放在多家公司身上。会把当前公司当成跳板或平台；短期规划较多，达成既定目的之后就走。而传统管理模式中要求员工稳定，才能给予重用提升，这已经脱离了年轻人的职业发展特征了。

2. 老板没有弄清楚员工的就业取向

就业取向就是员工为什么来公司上班。在老板看来，员工来上班的目的很简单，上班挣钱。在员工看来可没有这么简单，有来挣钱的、有来学东西的、有的来消磨时间的、有的是为了照顾家庭甚至还有来找对象的。老板在没有搞清楚员工的就业取向前，就简单把员工定为来上班挣钱的，这就导致公司和员工无法融合。

3. 入职时的高期望值

在新员工应聘时，老板往往会过高地夸大自己公司的优势，强调自己人有多好，并且还会有些模糊化的承诺等。这种过高的自我包装和许诺，虽然会促使员工入职，但也带来了新员工对公司的高期望值。在员工入职后就会产生一个落差，而这个落差很容易让员工离职。

4. 直接的管理者

很多时候，员工的离职与其直属领导有关，无论是老板还是中层干部，自身的因素也会导致下属离职。作为管理者，在下属面前，一定要先管理好自己。

5. 老员工的排挤

即新员工与现有团队的磨合问题。老员工认为新员工进来之后，可能会打破当前的利益平衡。所以会采取各种手段打击新人，有些承受力较差的新员工就会受不了而辞职。

6. 对薪酬不满意

公司待遇不单单指工资的绝对值，而是相对的金额，大多数员工抱怨工资少，往往是在比较之后得出的。诸如比较自己的付出、自己身边人的收入、其他公司同类岗位的收入甚至是老板的收入等。

员工在对比自己的价值，老板则要主动导入对等对比。诸如当地同类工作的薪酬行情，其他公司同类岗位员工的综合技术水平及创造的业绩等。

7. 学不到东西

许多私营公司的老板并没有意识到员工其实有很强的学习需求。或是简单认为年轻人都不爱学习，或是简单地把新员工的学习工作以老员工带岗的形式来落实。

8. 没有发展空间

有些公司一直没有明确的组织架构和岗位分布，内部晋升机制和路径不明确，也没有员工外送规划。这必然让员工认为在这个公司里没有发展空间，不如早点离开。

9. 没有工作乐趣

每天从事的工作没有乐趣可言，团队之间也不融洽，工作成果体现不出自己的价值和成就感。时间一长，所有工作热情全部消退，离职也就快了。

以上是几点员工离职的真实原因，老板可以根据自己公司的情况，有针对性地预防。

解聘员工前公司的准备工作

员工在被公司解聘之后，有可能做出危及公司安全的事情。所以，公司在基本确定要解聘员工之后，应提前考虑相关风险隐患，并着手做好相关的预防措施，尽量降低被解聘员工会给公司带来的事故风险。

公司解聘员工是正常的人事管理范围，但这其中存在两种不同的性质。

一是公司的人事管理体系健全合法，且公司本身不存在违法乱纪行为，这种情况公司所要担心的是员工个人的恶意攻击行为。

二是公司本身存在问题，员工只需要通过正当合法的渠道进行举报，就能给公司带来很多麻烦。

1. 处理的基本原则

公司在解聘员工时，为了防止员工带来麻烦，要本着以下一些原则。

(1)不是所有员工都会心平气和地离开公司。

(2)要假定所有解聘员工都会出现报复公司的可能。

(3)推演各类有可能出现的恶意报复事件。

(4)可能会导致的最坏局面。

(5)提前预防为主，后期处理为辅。

(6)措施不到位之前，不能打草惊蛇。

(7)让员工在公司掌握的资源归还后再离开。

(8)要有安抚工作，避免激怒员工等。

公司至少要在解聘员工前两个月开始做准备工作，为每个解聘员工制定一个工作推进表。列明各类措施和落实时间，按照一定的次序推进工作，防止出现混乱或是遗忘的情况。

2. 员工离职后的影响

员工在离职后，必然会对公司产生一些影响。例如：

（1）人员接替问题。若该岗位仍然要保持，则要安排其他人员来接替，要么是内部调动（提前选人），要么是外部招聘（需要提前招聘）。

（2）财务清算问题。包括员工工资结算、扣罚清算、费用核销等。

（3）工作交接问题。员工当前所负责或经办的工作，要移交给其他指定的接手人。

（4）物资交接。在员工手里，属于公司的各类物资。诸如客户资料、设备器材、钥匙、车辆等，要清点收回。员工在职期间，在外部客户处所借用的各类物资或是经济往来，也要交接清楚。

（5）留存技术。每位员工在实际工作中，多少都会总结一些经验技术。不过，这些经验技术如何移交，需要一定的方法。

（6）一些小型公司内勤行政功能不健全，集中化统一化管理意识不强，例如电话、车辆、网址等涉及注册开户的工作事务，往往由当时的代办员工以个人名义注册，挂靠在员工的个人户头上。此员工离职时就要解决相关的问题。

（7）客情关系。员工在与外部客户的交往中，无论是自然积累还是主动建立，必然建立一定的客情关系。在有些时候，这些客情关系是确保公司商业往来、事务处理、问题解决的重要保证。客情关系移交也是一个问题。

3. 推测员工离职带来的后果

公司要主动推测员工的最大离职后果，并量化出来。基于推测出来的最大负面影响，进行针对性的准备措施。例如：

(1)预计会带走哪些员工。

(2)预计跳到什么样的公司。

(3)预计会泄露公司哪些秘密。

(4)预计会带走哪些客户。

(5)预计后期会借用公司资源做哪些事情。

(6)预计影响哪些业务的推进。

(7)预计会向什么样的机构，举报什么样的问题。

(8)预计会在员工群体中产生什么样的影响等。

4. 应对措施

为防止离职员工恶意报复，公司首先要做到各项手续健全。

这里的手续健全，指的是：

(1)员工的档案健全。

(2)员工的劳动合同健全。

(3)员工的社保手续健全。

(4)针对员工的规章制度健全。

(5)员工所签署的失职凭据或是相关的经手凭据健全。

(6)员工个人征信情况。

(7)员工个人涉及司法诉讼的情况。

(8)员工个人及家人是否有注册公司，经营与本公司相近的业务范围等。

5. 员工家访

针对即将要解聘的员工，公司可以进行家访。这样做的目的是：

(1)进一步了解员工家庭情况，一定程度上形成对员工的牵制力。

(2)在一定程度上安抚员工。

基于公司的定期沟通机制，在与目标解聘员工进行例行固定沟通时，可有意进行一些深入了解。尤其是在自身兴趣，职业发展方向或是家庭因素变化等方面的情况，探寻员工自行主动离职的可能，或是在后期借由这些情况变化，调整员工与该公司的合作方式等。

6. 安排书写岗位说明书

对主动要解聘的员工，要求撰写自己岗位的工作说明书。这其中包括的内容有：

(1)工作范围说明。

(2)各类工作的流程、内容细节、涉及的知识面等内容及细节。

(3)相关执行过程描写清楚和相关资料的拍照说明，必要时可给员工提供示范模板。

安排这个工作的目的：

(1)用文字形式列明该岗位的工作情况，方便其他员工接手。

(2)若是员工拒不完成或是完成质量差，可以作为员工能力不足以胜任工作的凭据。

7. 解聘时间

可以利用公司营业执照变更的时机或是利用公司将人事管理外包时期进行员工解聘，以减少很多麻烦。

公司一旦落实了这些解聘前期的准备工作，对于要解聘的员工来说，将能形成一定的综合牵制力。员工就会认为没有必要和老公司的关系彻底搞僵，以防止其职业背景出现麻烦。

员工离职交接手册

公司在核准员工的离职申请后，可以向员工发放离职交接手册，作为离职交接工作的执行说明书。离职员工与交接工作负责人（或对应接手人员）应各一份，双方对照使用。

按照国家相关法规及公司既定规章制度，办理各项离职交接手续，是对离职员工及公司负责，以减少后期纠纷。

全部离职手续办理完毕后，两本手册交还人事部门审验，确保内容一致，并作为公司为离职员工开具离职证明的凭据。

以下是离职交接手册涉及的内容以及一些参考表格。

（1）交接工作相关人员。以下是离职交接时涉及的相关人员的参考表格。

交接项目总负责人：		
交接项目	对接人/负责人	备注

(2)交接工作的内容与时间规划表格。

交接项目	开始时间	结束时间	承接人	交接要求

(3)从入职到离职的基本情况表。

入职时间	年 月 日		经历岗位
转正日期	年 月 日	入职岗位	
离职提出时间	年 月 日		
离职核准时间	年 月 日		
确定离职时间	年 月 日		
离职核准人			
离职岗位			
自述离职原因			

(4)当前的主要工作范围表。

工作项目	重要程度	内部对接	外部对接	进度/备注

(5)内部事务交接。包括以下内容：

①办公家具的移交表。

品　名	数　量	基本状态	回交部门	签字确认
办公桌				
文件柜				
椅子				
白板				
沙发				

②文件资料档案的回交表。

文件资料名称	是否有副本	数量/册数	回交部门	回收确认签字

③书籍资料的回交、办公文具物品的回交、劳保物品的回交、自控物资等的移交表。

物品名称	数　　量	基本状态	回交部门	回收确认签字

④个人专属证件类物品的回交表。

物品名称	数　　量	基本状态	回交部门	回收确认签字
工作服				
工作证				
门禁卡				
饭卡				
公司徽章				
个人名片				
员工手册				
考勤机卡片				
公务印鉴				
其他				

⑤各类账户及密码的消除表。

项目名称	执行要求	执行情况	执行日期	确认签字
内部 OA 账户	消除			
考勤指纹	消除			
内部口令	消除			
电脑开机密码	消除			
其他				

⑥各类钥匙的回交表（车辆钥匙除外）。

钥匙名称	是否复制	数　量	回交部门	回收确认签字
公司大门钥匙				
办公室大门钥匙				
宿舍钥匙				
仓库钥匙				
办公桌抽屉钥匙				
文件柜钥匙				
私人物品柜钥匙				
其他				

⑦工作电脑的交接表。

交接项目	交接执行情况
电脑主机	
显示器	
键盘	
鼠标	
配套 U 盘	
电脑开机密码	
无线网卡	
备份硬盘	
其他周边设备	

⑧各类票据回收表。

票据名称	剩余票量	编号截止	领出部门	交回部门	接收人

⑨内部借用物资移交表。

物资名称	数　　量	借出/借入	借出/借入部门	回收情况	签字确认

⑩宿舍移交表。

名　　称	数　　量	基本状态	回交部门	签字确认
床位				
寝具				
衣柜				
桌子				
其他				

⑪车辆回交表。

车辆类型		备胎	
车牌号		车辆钥匙	
车辆用途		行驶证	
车辆外观		营运证	
行使里程		通行证	
未处理违章		其他	
随车工具			

⑫各类挂靠户头清理表。

以个人名义，为公司公务办理的各类开户手续，需要移交办理				
项目名称	办理日期	转移情况	备　注	签字确认

⑬个人信息消除表。

项　目	执行要求	执行情况	执行日期	确认签字
内部通讯录	个人信息消除			
公司网站介绍	个人信息消除			
公司介绍资料	个人信息消除			
组织架构图	个人信息消除			
办公室姓名牌	个人信息消除			
办公桌姓名牌	个人信息消除			
其他	个人信息消除			

⑭固定资产标签的清除。

公司需要对标明离职员工为责任人的固定资产标签，全部检查清除，更换其他员工为新责任人，同步修补固定资产管理表格。

(6)财务相关工作交接，包括以下内容：

①内部财务费用结算表。

项　目	金　额	发生日期	结算情况	签字确认
财务借支				
工资预支				

②客户欠单的移交。

先确定该员工所经办的欠单共计有多少张，涉及总金额为多少元，再进行以下欠单的移交工作安排：

离职前催收回交；转交给其他员工；更改欠单经办人；自行买下欠单。

③空白欠单的上交。

经过财务清点，该员工手中尚有空白欠单多少张，均需要清点回收。

④垫支及待报销费用清算表。

项目名称	性　质	发生日期	金　额	清算情况	签字确认

⑤扣除项目表。

项目名称	金　额	执行情况	备　注	签字确认

⑥事故记录单的清理。

日　期	事　由	涉及金额	是否追究	签字确认

⑦经办的担保事项。

经办担保项目	有效期至	担保是否有效	担保转接	确认签字

⑧工资结算。

项　　目	金　　额	情况说明	确认签字
基本工资部分			
奖金部分			
考勤扣除部分			
伙食费			
其他			
最终结算金额			

(7)工作事务的移交,包括以下内容。

①进行中的工作。

工作项目名称	当前进度	后续接手人	签字确认

②内部承包性质的工作项目。

项目名称	启动时间	项目进度	项目结算	签字确认

③外部客户移交。

客户名称	类型性质	重要程度	接手人员	确认签字

④外部借用物资。

名　　称	何处借来	归还情况	归还日期	确认签字

⑤借与外部的物资。

名　　称	借予对象	归还情况	归还日期	确认签字

⑥政府社保手续及商业险。

项　　目	金　　额	相关手续办理情况	签字确认
养老保险			
住房公积金			
失业保险金			
生育保险金			
工伤保险			
商业保险			
其他			

⑦离职仪式。

项　　目	是否选用	执行情况	执行日期	备　　注
颁发荣誉				
欢送仪式				
总经理推荐函				
家长致电问候				
家庭探视				

⑧相关协议的办理。

协议名称	执行要求	执行情况	执行日期	办理人签字
劳动合同	原件收回			
保密协议	签署			
同业禁止协议	签署			

(8)特定工作项目交接

①退出单位群。因公设置的各类微信群、QQ 群，在员工办理完相关交接手续后，将离职员工清退出群。②由各客户单位自定额外增加的项目。

(9)个人办理的事务。

员工其他一些个人事务的办理，如各种组织关系的转移等。

(10)员工在办理完离职手续后，公司要：①开具离职清算证明文件。②发布内部通告。③财务进行工资结算与发放。

(11)离职申请单的模板。

员工离职申请模板基本信息可参考下表。

姓名	当前任职部门	岗位	行政级别
入职日期	在职年限	是否转正	拟离职日期
离职原因：			
领导批复意见：			

其中，离职类别可以分为：员工本人提出离职，公司辞退，员工自动离职/失联。

离职的原因填写：员工本人提出离职，由本人填写/签名。公司辞退或是自动离职，部门负责人或人事部填写。

各级领导的批复意见，分别写上意见/核准批示、签名以及日期。

(12)离职证明参考模板。

<table>
<tr><td>

员工离职证明

兹证明________(先生/小姐),身份证号码:______________________________

于　年　月　日到　年　月　日,曾在我公司____________(部门)担任____________职务。因____________原因辞职,现已与我公司解除劳动关系,并已正式办理离职等相关手续和结清工资。以后其一切相关事宜均与我司无关。

相关离职事宜的核实联系人:　　　　　　　　　　　　联系电话:

特此证明!

离职员工签名:

××××××××××公司(盖章)

年　月　日

</td></tr>
</table>

(13)优秀员工的推荐信

平时工作表现优秀,且交接质量高,做事善事善终的员工,在离职手续办完后,公司高层可以考虑为其写一个推荐信。用于褒奖该员工的正面价值,这也是对离职员工在交接方面的回报。同时也为员工今后再回公司做铺垫。

(14)离职员工的客情

正常离职的员工在办理交接手续的期间,公司可以考虑为其安排一些客情措施:例如小范围的聚餐,或是来自老板个人或是公司管理层的礼物。感谢员工多年来付出。

离职员工回流的管理办法

已经离职的员工，提出再次入职，公司该如何应对？

如果公司能接收离职员工的再次入职，既不能将其等同于新员工，也不能简单地将其恢复原职。公司要建立一套针对离职员工回流的入职流程。

1. 客观看待员工回流现象

员工不是公司的财产，双方只是商业合作关系，双方都有权利结束合作关系。员工更换工作平台是正常现象，离职并不代表员工对公司的背叛，公司也没有必要对离职员工歧视。

2. 公司和员工的初步沟通

公司无论是否接收对方，既然对方已经提出申请，公司都要和对方见个面。至少要收集一些信息：

(1)为什么要回来？

(2)当时为什么要走？

(3)在离开之后，站在公司之外的角度，对哪些事情有新的看法？

以便为今后的管理工作打基础。

3. 回流员工的类别

离职员工又回本公司可能是由于以下原因：

(1)员工在进行个人创业或是在新东家接受更高职务时力不从心，意识到自己尚不足以承担更高级的职务或是独立事业。所以想重新回到自己熟悉的老东家那里，进行针对性的学习或是收集资源、培养良好的人际关系等。待时机成熟再次离开。

（2）员工曾经对自己的工作能力较为满意，但是在换到其他新公司时，发现自己的能力水平太低了，知识经验落后，无法满足当前新公司的岗位任职资历。于是开始检讨自己，认识到自己的不足。认为与其在新公司里吃力地维持工作，不如带着新的标准和要求回到老东家那里。强化学习，提升自我，做一个称职员工，老老实实做好本职工作。

（3）员工到了新东家后，面对新的问题和障碍时，不愿意在自己身上找原因，也不想再拼搏奋斗了，干脆退而求其次，追求相对安逸的生活。还是回到自己熟悉的老东家，混碗饭吃。

4. 接收前的工作

公司决定要接收回流员工前要对其再入职后的规划和打算询问清楚，然后进行分析，来定是否继续录用。

（1）内外部复核

除了当面沟通询问外，还需要进行内外部复核：

①前期离职情况的复核。是否有前期主动向公司说明，并预留了足够的缓冲期；

相关工作是否交接清楚，并协助接手人延续相关工作；

在其离职之后，是否发现该离职员工有隐藏的问题；

在其离职之后，公司就工作上的工作事务联系对方时，对方的反馈态度如何。

②外部复核。当前公司的离职证明（电话核实）。间接了解在当前公司的

真实工作情况及离职原因。对当前公司的工作情况，需要提供证明人证明。

（2）工作价值分析

若是复职的员工品行俱佳，且属于技术积累程度高的岗位，或是当前尚无更合适人员替代的岗位，还是可以回来的。一般来说，员工复职后，工作状态会有一定程度的提升。

（3）征询其他员工意见

对于某个员工的真实状态，其他员工可能比老板更清楚，需要征询其他员工对离职员工再入职的意见。注意不能在公开会议上直接询问，老板得要与相关员工进行单独沟通询问。

（1）对于前期离职期间，出现有违职业道德和公司规章的，不能接受其复职。

（2）若是个人创业，搞砸了又回来的，应先判断其是否回来补课的，这样的员工复职可能会存在较大的风险。因为在后期再次离职时，会造成公司各方面的资源流失。

（3）想回来继续混日子的复职后，会给其他员工带来不好的负面影响。

5. 汇总评估

公司在排除掉一些别有目的的回流者之后，可以再综合以下几个方面，判断是否可以接受其再次入职：

（1）离职和再入职实际原因分析。

（2）原来在职期间的工作表现。

（3）当前的实际工作能力价值。

（4）其他员工的意见。

6. 回流员工的优势

回流的员工相对于其他新员工，有一些自身的优势。

(1)毕竟是老员工，情况熟悉，上手快。

(2)能再次入职，工作态度会相对提升一些。

(3)更加明白自己的实际工作能力，知道自己欠缺什么，在学习方面会有所努力。

(4)离职员工能再次入职，给其他员工传递的信号：

老板是仁厚的，有心胸，能接受员工再回头。在离职的时候如果认真负责，交接清楚，善始善终，在离职后，仍然可在公司保留一个退路；若是在离职时缺乏责任心和应有的职业道德，就再无回头机会。

7. 入职规划

公司在基本确定接受某个离职员工之后，要请该员工做一个入职规划，内容包括：

(1)入职后的首个目标岗位。

(2)晋升岗位目标。

(3)需要增补学习的知识技术。

(4)计划改善的工作方式。

(5)更换公司对自己的影响。

(6)对公司的建议等。

公司通过入职规划，进一步了解员工的入职原因，新的工作导向，以及思想变化等情况。

8. 岗位安排

离职员工入职后，多少对当前的人事结构和利益分配格局带来一些影响。

公司在对其的岗位安排上，原则上不打乱现有格局，免得当前员工存在抵触情绪。可跨部门安排岗位，或是将其安排到对格局影响较小的岗位，或是在一段时间内采取兼职的方式，让其逐步过渡到正式任职。

9. 职务安排

公司在对其的职务安排上，不能官复原职，职务和待遇都要有所下降，让离职者自己接受前期离职带来的损失成本。

之所以这样安排，也可以让其他员工心理上寻找到平衡。

10. 岗前学习

对于回流员工，公司还要安排一个岗前学习，时间可以控制在一个月之内（10～30 天）。原因是市场有变化，公司有变化，岗位有新要求，需要回流员工增补或是提升，且有对应的考核。同时，公司可以通过这个岗前学习，进一步排除打算回来混日子的员工。